道光传

THE LIFE OF
TAOU-KWANG,
LATE EMPEROR OF CHINA

［德］郭士立 著

曹煜晴 陶思遥 译

图书在版编目（CIP）数据

道光传／（德）郭士立著；曹煜晴，陶思遥译. —北京：中央编译出版社，2024.6
ISBN 978-7-5117-4701-3

Ⅰ.①道… Ⅱ.①郭… ②曹… ③陶… Ⅲ.①道光帝（1782-1850）—传记 Ⅳ.①K827=49

中国国家版本馆 CIP 数据核字（2024）第 051033 号

道光传

选题策划	张远航
责任编辑	汪　婷
责任印制	李　颖
出版发行	中央编译出版社
网　　址	www.cctpcm.com
地　　址	北京市海淀区北四环西路 69 号（100080）
电　　话	（010）55627391（总编室）　（010）55625176（编辑室） （010）55627320（发行部）　（010）55627377（新技术部）
经　　销	全国新华书店
印　　刷	北京文昌阁彩色印刷有限责任公司
开　　本	880 毫米×1230 毫米　1/32
字　　数	170 千字
印　　张	7.75
版　　次	2024 年 6 月第 1 版
印　　次	2024 年 6 月第 1 次印刷
定　　价	78.00 元

新浪微博：@中央编译出版社　**微　信**：中央编译出版社（ID: cctphome）
淘宝店铺：中央编译出版社直销店（http://shop108367160.taobao.com）
（010）55627331

本社常年法律顾问：北京市吴栾赵阎律师事务所律师　闫军　梁勤
凡有印装质量问题，本社负责调换。电话：（010）55627320

推荐序

清朝享祚二百六十八年，历十帝。① 所谓的"康乾盛世"垂一百一十五年之久，但实际上从乾隆中期开始，政治、经济、外交诸方面都已呈现重大弊端，左支右绌，转而趋下。迄道光朝，终于病入膏肓，众症齐发，大清的江山社稷已日薄西山，败象迭显。因此，为这位皇帝单独列传，剖析他在位三十年的竭蹶困顿，亦不失为洞观清史的一条蹊径。而近二百年前德国汉学家、基督教传教士郭士立所著之《道光传》，实有助于吾人深入了解晚清的内部窳败与对外关系。

《清史稿·宣宗本纪》文末评论道光帝旻宁曰："宣宗恭俭之德，宽仁之量，守成之令辟也。远人贸易，构衅兴

---

① 从清朝入关后（1644年）算起，清朝经历十帝。

戎。其视前代戎狄之患，盖不侔矣。当事大臣先之以操切，继之以畏葸，遂遗宵旰之忧。所谓有君而无臣，能将顺而不能匡救。国步之濒，肇端于此。"此段议论虽有为道光回护卸责之嫌，却也切中了清帝国从此走向衰颓的肯綮。这肯綮便是执政者的昏聩无知与妄自尊大，从皇帝本人到满朝文武，对于世界，对于西方的文艺复兴、工业革命几乎一无所知，而仍旧一概以蛮夷视之。对于世界贸易的规则信用、互利平衡亦一无所知，仍以天朝自居。是以叫嚣甚厉，逢战则北。加以官贪吏虐，民不聊生，遂致大厦倾颓，不可振救。

《道光传》作者郭士立的个人经历极富争议，故其笔下之道光，颇有异于中国正史"为尊者讳"的书写传统，而是较多涉及了这位皇帝的品格好尚、理念性情。如他在生活上的简朴与贪吝，在性情上的内敛与刚愎，在施政方面的犹疑与巧智，在用人方面的反复与宽和，乃至对于后妃的宠信听从，都有相当的史料价值。书中所涉及的诸多疆臣、总督巡抚以及军机阁员，如穆彰阿、伊里布、赛尚阿、林则徐、耆英、松筠、琦善等，他们的宦途迁转、起伏荣悴，也与彼时的国运政局纠结牵系，莫能拆解，不失为了解道光一朝政治的辅助材料。

由于作者亡年较早，所知受限，书中所陈述的某些事件尚缺乏文献的支撑，鉴于国人所撰《清史》尚未蒇事，读者不妨参阅美国费正清、刘广京主编之《剑桥中国晚清史》（中国社会科学出版社1985年版），庶几可以更全面地认知世界眼光之下的十九世纪大清帝国。

此书翻译文字流畅，便于阅读。特此推荐。

陶慕宁
2024 年 5 月 24 日

（陶慕宁，南开大学文学院教授，博士生导师。元明清文学与文化研究专家，代表作《饕餮五志》《元曲菁华》等。）

目 录

引 言 …………………………………………… 1

第一章 道光童年大清始衰 …………………… 9
    皇室子弟的教育 ………………………………… 11
    乾隆内禅帝位 …………………………………… 13
    官军的落败 ……………………………………… 14
    朝廷风气之变 …………………………………… 15
    宫廷里的狂欢 …………………………………… 17
    嘉庆对学堂的不屑 ……………………………… 18
    旻宁的朋友 ……………………………………… 19
    嘉庆对科学的冷漠 ……………………………… 20

第二章 内忧外患旻宁登基 …………………… 23
    英军占领澳门 …………………………………… 25
    清廷的政策 ……………………………………… 27

· 1 ·

义军袭宫	28
嘉庆治下的朝廷	30
嘉庆去世	32
旻宁继位	33
旻宁其人	33

第三章　道光择臣良莠不齐 ……………………… 35
"道光"的含义	37
嘉庆遗诏	37
道光的仁厚	39
登基大典	41
道光对朝廷的改革	42
道光的重臣	44
松筠	44
耆英	46
和世泰、穆彰阿	48
琦善、伊里布	49
赛尚阿、隆文、庆祥、玉麟	51
道光的亲友	52
道光的弟弟和心腹们	54
道光的贪念	56
道光的公正和仁爱	58
道光对教徒的宽容	59

第四章　回疆平叛张茞遭斩 ⋯ 61
　　帝业的安宁 ⋯ 63
　　道光的花园和宫殿 ⋯ 64
　　满人宴饮 ⋯ 66
　　大清帝国的征战 ⋯ 68
　　抑商靖边 ⋯ 69
　　张格尔之乱 ⋯ 70
　　回部的战败 ⋯ 73
　　张格尔的穷途末路 ⋯ 74
　　平叛胜利后的封赏 ⋯ 76
　　吏治歧途 ⋯ 78

第五章　选陵祭祖父子情殇 ⋯ 79
　　道光选陵 ⋯ 81
　　道光祭祖 ⋯ 82
　　惨重的灾害 ⋯ 84
　　父子情殇 ⋯ 85

第六章　软硬兼施绥靖瑶乱 ⋯ 87
　　瑶民起义 ⋯ 89
　　官军的溃败 ⋯ 90
　　镇压起义 ⋯ 90
　　暴动与镇压 ⋯ 91

道光的皇后 ··· 94
　　军机处人事调整 ·· 95

第七章　贸易摩擦国库亏空 ·································· 99
　　对反叛的宽容 ·· 101
　　大清的商业贸易 ·· 103
　　朝廷对于贸易的态度 ······································· 104
　　岁收不足 ·· 106

第八章　武嬉文恬军争乏力 ·································· 109
　　皇太后生辰庆典 ·· 111
　　水陆两军状况堪忧 ··· 112
　　重臣松筠的结局 ·· 116

第九章　内阁更替禁烟奏凯 ·································· 121
　　规律生活的道光帝 ··· 123
　　卖官鬻爵 ·· 124
　　林则徐上疏 ··· 125
　　宽严相济的道光 ·· 126
　　道光对阁僚的评价 ··· 127
　　烟毒之害 ·· 129
　　虎门销烟 ·· 130
　　林则徐的胜利 ·· 132

第十章　与英开战清军惨败 ············ 135
　　林则徐的外交政策 ············ 137
　　禁止与英国的贸易 ············ 137
　　战争准备 ············ 139
　　琦善与英国人谈判 ············ 139
　　群情激愤反击洋人 ············ 141
　　琦善和伊里布的革职 ············ 142
　　清军的惨败 ············ 144
　　裕谦的品行和命运 ············ 144

第十一章　清军溃败签约南京 ············ 147
　　大清国的防御空想 ············ 149
　　清军溃败 ············ 151
　　长江上的英国舰队 ············ 153
　　《南京条约》 ············ 154
　　虚假的报告 ············ 157
　　无情的惩罚 ············ 159

第十二章　无力再战颁诏履约 ············ 161
　　琦善复出 ············ 163
　　主战派的努力 ············ 163
　　道光平息战争骚动 ············ 164
　　回归安宁 ············ 166

第十三章　外开五埠内争皇位 ······ 169

　　开放通商口岸 ······ 171
　　民主思想的兴起 ······ 171
　　民众复仇事件 ······ 172
　　道光站在了百姓一边 ······ 174
　　争夺皇位继承权 ······ 176
　　道光指定继承人 ······ 178
　　琦善重获恩宠 ······ 179

第十四章　财政困局民怨载道 ······ 181

　　道光祈雨 ······ 183
　　耆英的改良计划 ······ 183
　　大清的财政困局 ······ 185

第十五章　恩威并施边疆戡乱 ······ 191

　　平定"七和卓之乱" ······ 193
　　放开边贸与安抚属国 ······ 195
　　治藏方略 ······ 196
　　林则徐西南平乱 ······ 197
　　洪水和饥荒 ······ 198

第十六章　朝廷暮气官员欺瞒 ······ 201

　　广州民众的胜利 ······ 203

暮气沉沉的朝廷 ················· 205
道光帝强打精神示健康 ············· 207
军力仍无起色 ··················· 209
地方官员的欺瞒行径 ··············· 210
道光帝关注地理知识 ··············· 212

第十七章　道光谢幕帝国飘摇 ············ 213
皇宫内的密谋 ··················· 215
皇太后去世 ····················· 216
道光最后的圣旨和驾崩 ············· 219
咸丰帝的登基诏书 ················ 220
道光的遗诏 ····················· 222
咸丰其人 ······················· 224

译后记 ································ 227

一

引 言

成为一位中国的帝王，也许是每一个肉身之人所渴求的，最至高无上的"天尊"之位。① 姑且不论各种各样迷信说法的推波助澜，使人对此产生的各种妄念，就连古马其顿亚历山大和法国拿破仑都有同样的想法，甚至在这两位大人物处于权力顶峰之时，都会因自己对中国皇帝的权威望尘莫及而心怀妒忌。至于这位伟大的帝王道光帝，是嘉庆帝的次子（其长子早夭）、上天的化身和所有生灵的代表，这一点并不重要，讨论这个问题也没必要，因为这完全不足以真正体现道光皇帝那把龙椅到底意味着什么。其实，要弄清楚这个问题并不复杂，只要列举一个简单的事实即可：道光皇帝是三亿六千五百万人绝对的最高统治者，其身下的那把龙椅所具有的权威无人可及。

如果了解下面几点，也许更能够说明一些问题。作为一位游猎民族首领的后裔，道光帝能够根据自己的意愿任意摆布三亿六千五百万芸芸众生，同时，他让桀骜不驯的蒙古人彻底俯首称臣，并维护着大清国在厄鲁特蒙古的君主统治地位，以及在西藏保持着自己至高无上的权力。此外，对生活在库库诺尔②和天山南路回部③的各少数民族，道光帝同

---

① 正如司马迁所说："凡人之志，最高莫过于做一位中国皇帝。"《史记·项羽本纪·汉高祖本纪》——译者注。（本书脚注如无特别说明，均为译者所注。）

② 今青海部分地区。

③ 今新疆南部地区。

样行使着有效的行政管辖。① 仅凭这几点，人们就不得不对这样一位强权的统治者心怀敬畏。

事实上，在每个人的内心深处，都对无限统治权的魔力具有一种无法泯灭、难以言状的渴望。对此，中国皇帝提供了一个典型范式：但凡出自皇帝尊口之语就是法律；皇帝的一举一动，无论多么微不足道，都能成为文武百官和黎民百姓的行为准则；皇帝手中握着对任何一个人的生杀大权，还能任意处置任何一个人的所有私有财产，甚至不受像君主制国家下议院或上院的任何限制。在"君父"这个充满慈爱的尊称下，皇帝是中国唯一的主宰和帝王，能为所欲为。如果说，上帝的确曾经将至高无上的权力赋予过人类的话，那么，中国皇帝就是那个人，只有中国皇帝手中握有那样的绝对权威。倘若要对中国皇帝的这种权威做出判断的话，我们必须始终要从上帝的角度出发。因为，从理论上讲，中国皇帝可能会声称自己是受命于天，承祚于祖，履行上天的意志和先帝们的遗愿。其实，这些言辞仅仅只是为皇帝本人不受任何约束地行使权力的托词，除非皇帝偶尔良心发现，才能意识到自己手中的权力也是一种道义。

从这个角度审视中国的帝制，我们切不可忘记至高无

---

① 这里是指道光皇帝对青海、新疆主要地区分别采用"盟旗制"和"盟旗制"＋"伯克制"进行有效的统治。

上的皇权的另一面，即一言九鼎的皇帝也不得不屈尊于社会习俗。作为一个王朝历法的制定者，当朝皇帝不得不遵守并躬身于这样或那样琐碎的礼仪、礼节和礼数，成为执行中国皇帝礼制中那些繁文缛节的一台机器。当然，皇帝也可以打破这些传统，无视它们应该发挥的实际作用，但必定会声望受损甚至受到报应。皇帝可能是一个暴君，导致朝野人人自危、江山失色、社稷凋敝。皇帝如果要遵守祖制，就必须开春到田间扶犁耕作，严守时令，祭拜天地与日月、神明和先祖。每当国家遭遇大灾大难，就要轻车简从、体察黎民、悔过担责。这样，就能体现皇恩浩荡，被尊为明君。话又说回来，如果皇帝不屑于礼部上呈的各种奏章，随意取消朝觐，衣着举止违背祖制，必然招致千夫所责，丧失民心，最终危及帝位。

在现实中，一位中国皇帝能够仅凭个人意志治国，但也不得不尊重并采纳来自贤臣的良言上策，至少在表面上必须时常这样为之。中国疆域辽阔，民族众多，为政首在得人，否则，其国将难以为国。此外，身为国家唯一的最高统治者，皇帝还必须倾听臣民的呼声，以赢得爱戴。每一个人都应该有渠道向皇帝表达心声，即使最卑微的寡妇也都应被允许向皇帝申诉不公。可以说在不少国家宫廷中，谈论民众的愿望已成时尚。黎民百姓的愿望已成为重要的讨论议题，并在所有治国举措中，将他们的愿望作为出发点和赢得民心的主要方式。虽然很多关于这类问题的讨论都是逢场作戏的官话，但是它们所表达的内容仍然能变成某些原则并争取到更多的拥戴者。

道光朝的中国，举国上下都盛行一种"民为重"的思潮和呼声，即要求限制甚至削减中央最高统治机构和各省的权力。当然，道光帝与此势不两立。一方面，他不得不对这些想法加以遏制；另一方面，他也做出某些妥协，以适应这种情势。例如，道光帝十分注意在最绝对的专制独裁政治与公众民主政治之间积极寻找某种平衡。这位中国皇帝必须成为这个伟大黑发民族的国父，必须始终对所有的现行制度和当下的各种观点表现出温和、宽容的态度，而且将自己完全彻底地汉化。与此同时，这位中国皇帝还必须表现出自己作为满族首领的本色，因为满族人敬重他，并且期望从他那里得到更多的恩惠。在蒙古民族面前，这位中国皇帝也必须表现得像一位大汗那样，手中握有数不清的牛羊、无边的声威和无限的权力，他必须使所有的敌手望而生畏，闻风丧胆。对藏族和其他大大小小的游牧民族，这位中国皇帝又必须表明自己是一位虔诚的宗教信徒，他将达赖喇嘛视为上天的化身，即使是对自己身边的喇嘛们，他也虔诚地提供最优厚的待遇。

总之，这位中国皇帝从他的先祖那里接过如此繁重的担子挑到自己肩上，而且对任何一方的些许怠慢，都可能会招来各种严重的后果。统治如此庞大的一个帝国，这位皇帝既需要才智出众者襄助，还必须对其中的一些人委以重任。虽然道光帝与重臣之间的君臣、主仆关系没有任何变化，但后者实际上是在以皇帝的名义行使对全国的统治。在世人面前，对于皇帝来说，他们作为踌躇满志的"天子们"，也许希望表现出他们作为上天之子的谦卑，而迷信却将"天子们"的这种谦卑神化了，一本画满星宿的占星术（被误称的天文学）簿就控制着"天子们"生命中的所有重要定数。

在这里，我们列举了一些对这位伟大皇帝——道光帝的至高无上权力的限制因素。因为，如果要对中国的"天子"治国之道作出客观、公允的评价，就有必要始终将这些因素纳入视野。唯有如此，我们或许才能从以其他方式很难解释的一些事件中发现一些中国皇帝治国的蛛丝马迹。

郭士立

第一章
道光童年大清始衰

皇室子弟的教育

道光帝为皇子时的名字是绵宁①,登上皇位以后改为旻宁(文中此后统称旻宁)。他出生于乾隆四十七年(1782年)八月初十,当时他父亲②继承皇位的前景还十分渺茫。

旻宁的祖父乾隆帝子嗣众多,他曾几次准备册立皇太子,但"国储四殇":选过4个皇子,4个都死了。所以,他决定手书应立皇子之名卷藏。乾隆很关心皇子们的身心健康,在他们25岁前仅给很少一点儿钱作为用度。皇子们在获得相应爵位(比如亲王)后则会得到一份大约10000两银子的年俸,这笔钱相当于3000英镑。至于公主,乾隆则在她们嫁给某个满蒙贵族或者汉族大臣前为其准备好一份嫁妆。

乾隆帝让儿孙们从6岁起就师从著名的翰林或大学士,骑射弓马则由蒙古和满族最好的骑手和射手负责指导。这位皇帝希望他的皇子们内外兼修、文武兼备,在他看来,高强度的训练和持之以恒的努力对孩子们的成长必不可少,

---

① 道光本名绵宁,因为古代臣民在书写皇帝名字时需要避讳,而"绵"字较常用,不容易避讳,所以,乾隆四十一年(1776年),乾隆帝规定皇孙中"绵"字辈当上帝王后,将"绵"改为"旻"。为阅读方便,以下均称旻宁。

② 指嘉庆帝。

这样才能与他们的身份相符。

为了教育、训导这些皇室年轻人，乾隆帝在圆明园里专门留出一个大房间，让他们在此接受严格管理。他要求教师把皇子们当作平民的孩子对待，向他们不遗余力地灌输古代圣贤的经典学说。乾隆会在皇子们毫无察觉的情况下突然造访，检查他们的行为举止，让他们背诵课文，并对下一步的教学做出指示。对皇子们任何的懈怠，哪怕是极小的疏忽，乾隆都会毫不留情地予以严厉惩罚。

满族人生来就是战士。当时，汉学经典被满族人推崇备至，而且在处理朝政方面也是不可或缺的。尽管如此，弓马娴熟仍被认为是一种更高层次的看家本领，似乎更能反映满族的民族精神。不愿参加骑射训练的人被视为是堕落的表现，不配作为这个统治中华帝国家族中的一员。有的时候，男孩子们也会获准随父参加狩猎活动，并借以展示一下自己的骑射技艺。此外，他们必须专注于学习，不允许参与任何公共事务，基本不与朝臣们来往。皇帝会安排侍卫看管这些皇子，以防止他们随意游荡、与平民有过多的交往。通常来说，他们对外界正在发生的事知之甚少，在未满12岁前，他们仅被当学童看待。

皇子们进入成年后便开始享有较多自由，但未经许可是不能离开宫禁的，而这种机会少之又少。面对这许多限制，又没有消遣活动，日常用度也很匮乏，皇子们的年少时光大都是在"寂寞无聊"中度过的。年满20岁以后，他们会应召参加皇家典礼活动，在一些庄重场合代表皇室成员行礼，有时还会被派去拜谒皇陵。他们偶尔也会奉旨一块去参加朝廷会议，因此逐渐与大臣们有了接触。

乾隆内禅帝位

节日来临，阖家团圆，这时的乾隆帝会展现出自己和蔼可亲的一面。乾隆帝晚年时，适逢团聚的日子，他会按辈分给儿孙们安排座位，一直安排到第五代。他会和孩子们围坐在一起，慈爱地摸摸这个又抱抱那个。然而，他不允许任何人造次、逾矩，这时的乾隆帝就像换了一个人，转眼间从慈爱的家长变成了威严的帝王，那种亲近感也随之而去。

日子单调、乏味，周而复始。道光帝的早年时光就是在这样的环境中度过的。他的父亲嘉亲王永琰是乾隆帝的第十五子，由妃子所生。乾隆帝曾默默地向上苍祈祷，他相信这是天意，子嗣中这个最能干的儿子应该承继大统。在乾隆帝君临天下 60 年之际的乾隆六十年（1795 年）九月，乾隆帝召皇子、王公、大臣入见，共同阅启所定密缄嗣位皇子之名，宣示立永琰为新帝，即内禅帝位，以明年为嘉庆元年，同时宣布自己正式退位。不过，只要父亲（太上皇）尚在，新皇帝就得恪守成规、亦步亦趋，唯太上皇马首是瞻。

官军的落败

旻宁的青年时期是在狂风暴雨中度过的，甚至大清的皇权有不保之虞。祖父乾隆帝发起的与缅甸和安南①的那两场战争耗尽了国库的钱财，让国家财政处于入不敷出的混乱状态。暴风骤雨即将来临，而政府却没有切实的应对手段，所以只能妥协，权宜行事。

此前，四川地区发生苗族动乱，清朝政府采取了军事镇压的手段。在这一过程中，一些土司被处以极刑。后来，苗人再次起事并很快赶走了驻守在当地虚弱不堪的官军。接着，为捍卫自己的家园，他们顽强地抗击了前来镇压的官军。这场激烈较量长达数年之久，最后苗人在得到大批银两后答应议和。

清军在缅甸领土上两次落败，令乾隆帝备受打击。此后，在攻打安南的战争中，清军被安南打败了。撤退的过程中，一支军队竟然被全部歼灭。这样的现实给中国的勇武形象烙上了一个无法抹去的耻辱印记。

然而，作为乾隆时期的遗留问题，相较于西北几个省

---

① 今越南。

份发生的一些不稳定的情况，安南这些麻烦事儿就显得微不足道了。当时，部分地区出现了一些动荡，民众要求朝廷在饥荒年景解决生计问题。几十万愤怒的民众实际上并没有一个明确的目标，整个陕西已经变成一片废墟，暴动蔓延至山西，甚至连直隶也受到波及，国家根基为之震动。

暴动波及范围甚广，整个国家处于艰难时期。这时的道光帝大约20岁，尽管当时不太了解个中细节，但他知道这场来势凶猛的风暴已经离皇宫不远了。前去镇压的士兵本身也处于饥寒交迫之中，他们不得不靠掠夺度日。本分的百姓们视兵如匪，对他们同样憎恨不已。假设这些起义者能够组织起来并形成一股政治势力，那么清王朝的统治可能早已经被推翻了。但实际情况却并非如此。干旱引发的饥荒让他们的队伍不断扩大，如果不是百姓们不堪忍受其敲诈勒索而奋起反抗，这支造反队伍本可以维持很长一段时间。

朝廷风气之变[①]

恰值此时，乾隆故去，嘉庆终于摆脱了太上皇的羁绊，

[①] 这部分以及后文关于嘉庆帝的描写，是作者的原始记述，史料记载与此有别。

整个朝廷的风气也为之一变。在新皇帝身边，代之以贤明大臣的是寻欢作乐的玩伴，议政让位于奢靡享乐、靡靡之音，弄臣和戏子不离帝王左右，不失本色的诚实官员们则不愿随波逐流，而是消极应对，冷眼旁观。

那时的朝堂物欲横流，理性式微，旻宁就是在这种情况下入局的。围绕在皇帝身边的都是些阿谀奉承之辈，他们难以抑制内心的喜悦，窃窃私语地交流着各种野闻轶事。要寻求终极快乐，金钱是不可或缺的，这一点在随后发生的事件中将得到相应的印证。

和珅是乾隆后期的首席军机大臣，曾延揽了大量权力，无形中成了嘉庆的眼中钉，肉中刺。乾隆驾崩后，这位权贵便奉旨为先皇守灵、主持葬礼，这也许是他能享有的最高荣誉了。但不久后，这位大臣便被嘉庆帝宣布犯下了二十条大罪，下旨抄家。和珅被赐自尽，其家人受到不同程度的牵连（其长子丰绅殷德，因娶乾隆之女固伦和孝公主为妻幸免）。

和珅曾是旻宁的帝师之一，他以温文尔雅著称，之所以能位极人臣，部分原因是他曾担任过御前侍卫，再就是过人的才智。据说，和珅被查封的家产值银子2亿余两，相当于国库数年的收入。这的确是一笔巨大财富。有了这笔钱，可以极大地充实国库。

宫廷里的狂欢

　　我们唯一掌握的情况是，旻宁热衷于练拳习武，弓马骑射是他的主要消遣内容。为此，他投入了大量精力，乐此不疲，目的是强健体魄，塑造阳刚之气。鉴于他生性严肃、节俭，或许他对这类活动没什么兴致，另外，他不太喜欢与人交往，深居简出，因此不太引人关注。那些热衷声色犬马的皇子以参加各种狂欢宴聚为荣，对不与之为伍的旻宁则不屑一顾。

　　很快就有许多老臣对朝廷上下纲纪败坏、无视原则的乱象深恶痛绝，纷纷离去，留下的人则惊恐地注视着这一切。嘉庆有时会变得暴怒，简直不可理喻，但没人敢谏言，因为高悬的利剑随时准备让多事者闭嘴。于是，从嘉庆初期开始就有人密谋废黜皇帝而另立新君了，而且这些人分布很广。嘉庆八年（1803年）的一天，嘉庆乘龙辇回宫时遭到刺客攻击，当时只有几名官员前来救驾，实际上是太监救了他一命。

　　对这起弑君事件进行的调查显示，有几名重臣和皇室宗亲牵涉其中。其中一名刺客提供了不利于其他案犯的确凿证据，而贸然采信这份供述是非常危险的，后果不堪设想。嘉庆帝倒是希望这次痛苦的经历能多少缓解宗室的手足们对自己的憎恶。为此他在发布的一份诏书中称自己并不相信有关指证，也没有附加任何谴责的字眼，称："虎毒尚不食子，朕绝不相信朕之亲族会不顾天道人伦行此等无道之事。"事后，只有几个人被处死，但处死的方式极其残忍。

嘉庆对学堂的不屑

有人曾提议设立学堂以教育满族年轻人。嘉庆却不以为然，一听到这个主意就嘲笑说，满族男人生来就是武士，唯有弓马骑射才是他们应该学习的。满人的天性不是钻研学问，即便把所有荣誉和金钱摆在面前，也没几个人能真正学通弄懂那些经史子集。

皇上的这种看法引发了许多人的共鸣，也许旻宁才是唯一能参透嘉庆想法的人。他对汉语典籍里的科学知识从来就没什么兴趣，但在祖父的严格督导下，他还是努力学习并通过了考试。如今，他可以全身心投入骑射演练中去。连续骑射、拉弓、奔跑和摔跤耗费了大量体力，于是他不得不经常服用补药强身健体。旻宁因在用药上毫无节制，所以健康受到了损害。他未老先衰，虽然还是个年轻人，但看上去有40来岁，本就不太吸引人的容貌越发消瘦，脸上出现了很多深陷的皱纹，多数牙齿已经脱落，导致嘴部变形，外观看起来给人一种严厉而冷漠的感觉。旻宁严肃的外表给人一种压迫感，但实际上他性情温和，为人厚道、诚恳。

大约就是在这个时候，旻宁目睹了自己的两个皇叔因涉嫌谋反被革职、定罪。按惯例，二人被圈禁起来，很可能会在悲痛和饥饿中死去。对自己不得不祭出如此严厉的处罚措施，嘉庆虚情假意地深表惋惜，在一道充斥着套话的上谕中，他表白自己秉公持正，对最亲近的宗室家人的卑劣行为深恶痛绝，紧接着宣布了对二人的判决。被嘉庆怀疑的人一个个倒了下去，成了牺牲品，就连他自己的孩子也没有安全感。

旻宁的朋友

由于有意远离政务，因此旻宁并没有引起安插在皇子们身边那些监视人员的注意。此外，就智力水平而言，旻宁也算不上是年轻一代中的佼佼者，因此也不足为虑。因整日生活在寂寞和恐惧中，旻宁很自然地去结交了一些可以患难与共的朋友，并和他们建立起贯穿一生的友谊。在旻宁喜欢的朋友中，年轻的耆英是最令他欣赏的一个，用他自己的话说，两人的友谊是经常在一起唱歌、跑马的过程中建立的，一时间将各种烦恼都抛到九霄云外了。

在年轻旻宁的朋友中，必须提及的还有穆彰阿，另外还有他特别喜欢的隆文、琦善、惇亲王和曾短期担任其老师的曹振镛等人。旻宁这个人很重情，一朝为友，即便日后高居皇位，也没有忘记他们。于是，这些人后来就成了他的顾问、大臣，每天都聚在一起叙谈。由于对自己不太自信，所以旻宁十分仰赖这些人的建议，只有和他们在一起才会开心。

另外，他不想与父亲的大臣们有任何瓜葛，即便当时名望甚高、在宦海中几落几起且刚直不阿的松筠也没在他心中燃起崇敬之情。或许，他是想避免给人留下在政治上拉帮结派的印象，因此，他对所有大臣都尽量保持距离。

嘉庆当时曾发布过一道极为严厉的谕旨，所有皇子都不能与官员私自交往，就连一些无关紧要的话题也不能交流，如果在办理公务时见面，也必须按规矩行事。在紧要关头，一个眼神、礼仪上的一个轻微疏忽都可能危及宫廷中任何一个人的安全。总有那么一些人居心叵测，在嘉庆面前搬弄是非，其实涉事者本身完全是无辜的。

嘉庆对科学的冷漠

在了解西方科学方面，也许旻宁的能力还比较欠缺。嘉庆时期，有些颇具才华的外国能工巧匠就已经来到宫廷。乾隆曾延揽了不少画家、技师和乐师（后者来自欧洲），这些人在为皇上娱乐、消遣助兴的同时也帮助他增长了知识。嘉庆则缩减了他们的人数，将这些人置于严格的监控之下，很少让他们进宫服务。同之前的许多皇子一样，旻宁从来没打算结识这些人，即使在随后的若干年里，已经登上皇帝宝座的道光帝也依旧如此，他并不重视欧洲的科学成就。对他而言，这类抽象、晦涩的话题没什么吸引力。不过，他还是觉得这些传教士受到了不公正的对待，作为上位后的首批措施之一，他让朝廷停止像以前那样对待他们。旻宁即位前，塞拉（Serra）牧师好像是唯一了解旻宁的外国人，但他对这位皇帝的过去一直三缄其口。

第二章
内忧外患旻宁登基

英军占领澳门

　　西方世界的大动荡并未波及中国。那时在中国正要发动一场针对海盗的战争，但结果却更让朝廷蒙羞。这群海盗在一个老妪①的率领下四处劫掠已有时日。在应对他们的过程中，朝廷的羸弱暴露无遗，其程度简直令人震惊。此后，当那些出身高贵的人被授予官阶并成为大清帝国水师的军官时，这些满洲官吏的顶戴花翎便成了坊间尽人皆知的笑柄。

　　这时有奏报说，为防止法国军队入侵，一支英国军队已经迫近中国海岸并准备暂时占据澳门。皇帝对区区几个海盗竟一筹莫展，束手无策，想必这个消息一定让他陷入极端惊恐之中。此前的 1802 年和 1808 年，全国曾两度陷入一片惊恐之中，但时过境迁，朝廷可能对这一幕已经淡忘了。两名来自葡萄牙的传教士上奏朝廷，历陈中国正在面临的威胁。然而，多疑的嘉庆并不需要这类通报，因为他下意识地会放大危险，害得自己为国家安危寝食难安。如果大清水师不能驱逐那些驾着破旧船只劫掠的海盗，更别奢谈去应对装备精良的外国舰队了。在严苛的统治下，暴

---

①　即女海盗郑石氏。

乱迭起，再加上有些王公大臣想伺机罢黜皇上，假如此时外国舰队入侵，那结果将会是什么呢？

　　皇上的焦虑可想而知。尽管英军在嘉庆七年（1802年）短暂占领澳门后撤走了，而且撤离的速度远比预期快得多，但朝廷仍耿耿于怀。嘉庆十三年（1808年），英国以防备法国侵占澳门为借口，派海军少校度路利（Drury）率舰队正式占领澳门。这时，清廷的不满情绪变得越发强烈了。于是，嘉庆通过两广总督发布了一道诏书①：

　　　　……天朝禁令森严，不容稍有越犯。大西洋（今葡萄牙）与法兰西彼此争斗、自相争杀，本来属于外夷之事，中国并不过问。试想，中国的兵船从来没有远涉外洋，向你们国家的地方屯扎，而你们国家的兵船却胆敢驰进澳门、登岸居住，冒昧至极。如果说是怕法兰西欺侮西洋（葡萄牙），前来帮护，殊不知西洋人（葡萄牙）既然在中国的地方居住，那法兰西焉敢前来侵夺，以致冒犯我天朝！即使法兰西果真有此事，我天朝法令俱在，绝不会稍有姑息容忍，必将立调劲兵大加剿杀，并实施海禁，又何必要你国派兵前来代为防护？

---

① 据《清史编年》记载。

在这份诏书中，嘉庆帝还说：

> 这次算是你们无知冒犯，实出情理之外，本当即行拿究，但暂且先明白告知，你们若自知畏惧，立即撤兵，不敢再有片刻逗留，那样我们尚可宽恕你们的罪行，仍然准许你国的贸易活动。若再有延拖，不遵我法度，则不仅停止你们目前的贸易，还将封禁进入澳门的水路，断绝粮食，并将调集士军前来围歼，到时你们后悔不及。

清廷的政策

这份诏书措辞严厉，自以为能震慑外国人，这也是清廷惯常的做法。不论旻宁私底下对此事持什么看法，但朝廷上下似乎都很关注这次危机。诏书中的措辞深深铭刻在他的内心，以至于当上皇帝后仍念念不忘。的确，这就是大清自始至终秉持的政策，直到《南京条约》签署以后才改弦更张。一直以来朝臣们的目标都是让蛮夷远离中国海疆，如果夷人不守规矩，就拿他们最看重的利益——贸易开刀。

嘉庆对法国军队的实力并不了解，他想如果法军胆敢靠近中国海岸,自己就动用手中令人胆寒的军队轻而易举地围歼他们,在这一番恐吓之后,他踌躇满志地说:"瓮中之鳖还能掀起什么大浪吗?"

人算不如天算,拿破仑最终被赶下了台。但如果法国军团征服了俄罗斯,如果奥斯曼帝国成为他雄心的战利品,如果波斯和印度向这位征服者俯首称臣,那中国还能独善其身吗?拿破仑必然会制定并实施征服清帝国的计划,据说他此生的最大愿望就是占领中国,并从那儿发出一道御令——以中国的京杭运河为蓝本在法国修建一条大运河。然而,这并非天意。中国也许不必受欧洲的影响也会进入文明国家的行列。

义军袭宫

现在谈谈旻宁是怎样得到父皇嘉庆青睐并登上皇位的。

海盗的侵扰令国家不得安宁,反对政府的民间宗教组织纷纷揭竿而起,朝廷屡次派兵围剿但效果不佳。各支起义队伍都打着推翻清政府统治的旗号,但首领们的目标好像并不一致,他们似乎更愿意抢劫,而不是推翻虚弱的大清朝廷。

在1813年9月,林清领导的天理教起义军约二百人攻入紫禁城,当时嘉庆帝去木兰射猎不在宫中。危急中,旻宁不仅指挥禁军与起义军厮杀，而且自己亲自射死二人，余贼溃散，乱始平。嘉庆大为赞赏，进封旻宁为智亲王。

嘉庆皇帝颁《遇变罪己诏》①：

> 我以凉德，仰承父皇重托，兢兢业业已有十八年，一刻也不敢懈怠。即位之初，白莲教在四省动乱，黎民遭劫，惨不忍言。我用八年时间将其平定。原想永乐升平，又起天理教匪，……突然于九月十五日变生肘腋，祸起萧墙，天理教匪七十余众，犯禁门入大内，杀害守卫。其中有三贼上墙想进入养心门，皇次子绵宁亲执鸟枪，连毙二贼，贝勒绵志击毙一贼，贼人才退走。大内平定，实为皇次子绵宁之力。

皇帝继续说：

> ……总的原因，是德凉而过失积累，唯有自责了。然而变起一时，积祸有日，如今最大的弊端，在于因循怠玩四个字，这是朝廷上下一样的。……我只有返躬修省，改过正心，上答天慈，下释民怨。

一时间，袭宫事件轰动了天下，嘉庆遭到举国上下的

---

① 据《清史编年》记载。

咒骂，国人大多认为这是嘉庆治国无道，咎由自取。从表面看，没有一个朝臣参与此事件，但不久后的调查表明，确有不少王公大臣和太监深度牵涉其中。而且，这些皇室宗亲一直在等着去收拾义军发起袭击的残局。相关调查在高度机密中进行，不久后就有多名显贵被处以极刑。为彰显朝廷处罚的严厉性，行刑被安排在他们祖先的陵墓前执行。

嘉庆治下的朝廷

1816年的清帝国就处在这样一种状态下，正值此时，一个英国使团来到清廷。

英国人对清廷权贵的印象并不好，认为这些大清官僚举止粗鲁，不近人情。英国人还认为，这些官僚之所以如此行事，可能是虚张声势，或者是要展示豪放恣肆的性格，而且还陶醉其中，令人十分反感。

嘉庆时期的朝廷，动不动就祭出鞭刑以使朝臣们俯首帖耳，从中我们多少可以勾勒出大清朝廷当时的情形。相关记录中并没有提及旻宁。这说明，旻宁当时并没有参与国事。

嘉庆后期的中国仍动荡不安，对反对政府的民间宗教组织的镇压行动仍在紧锣密鼓地进行着，帝国上下一片肃杀。为了粉饰自己的统治，嘉庆授意朝臣撰写文章为朝廷歌功颂德。于是，朝臣不吝笔墨，笔走龙蛇，大谈天下太平、古代盛世再现，暗示在其治下一个黄金时代即将到来。出现风暴肆虐、地震或其他异常自然现象时，大臣们就会拿天象说事，就连嘉庆也忐忑不已，反思自己的所作所为。他甚至抱怨自己身边到处都有大臣们安排的眼线，于是他整日和自己宠信的太监、戏子厮混在一起以求得一份慰藉，并把朝政糜烂的责任归咎于大臣们。

旻宁也不可避免地会去参加父皇组织的聚会，在这种场合，他目睹了权贵们的放荡不羁，而这其中也有他的一些挚友。当时的朝廷环境好比一张邪恶的温床。一方面，旻宁渴望远离藏污纳垢的朝廷，期待生活在纯洁的环境中。这一点令人敬佩，并充分说明他品行良好。然而另一方面，他回避了所有冲突，无论发生了什么，他都置身事外，从不参与。他还特别注意，绝不冲到前面揽取那些原本可以属于他的荣誉。

嘉庆帝对旻宁最满意之处是他谦逊的性格，另外就是他不事张扬、不结党营私。每当看到皇室宗亲被问罪甚至处以极刑，旻宁总是不露声色，没让父皇起疑心。旻宁心无旁骛，对朝政不感兴趣，而是寄情弓马骑射。也正是因为旻宁不善权谋，所以在达官显贵中没人将他引为知己，也没听说他有任何干政的举动。

嘉庆去世

这一年适逢嘉庆六十大寿。由于嘉庆要昭告天下以彰显自己的宽厚仁德、国泰民安，所以宫廷内外就要呈现一派欢庆的气氛。一时间，所有目光都投向了嘉庆，请愿的奏折纷至沓来，有申请救济的，有申冤的，不一而足。

嘉庆帝原本承诺亲自审阅、处理所有奏章，但面对堆积如山的奏报，他后悔不迭。于是，嘉庆帝便转给大臣们处理，结果这个吉庆的日子只能在人们的失望中草草收场。

多年来，嘉庆帝曾多次表示要遵循皇家规制去祭拜祖陵，而且皇亲国戚对此也多有议论，但他总担心这期间会出什么乱子，所以总是找各种借口推诿、延宕。有一次，恰在嘉庆帝商议祭拜祖陵事宜期间，朝廷出了一件大事——兵部大印丢失了。在中国，动用军队而没有印信是绝对不可能的，所以这一事件的性质非常严重。于是，疑心重重的嘉庆帝开始采取行动，查办了许多权贵，朝廷上下一片肃杀。最后，嘉庆终于踏上拜谒祖陵的旅程。1820年8月，嘉庆去木兰狩猎，旻宁随行。结果，嘉庆于9月2日死于热河行宫，终年61岁。没人知道他死前到底发生了什么。

旻宁继位

据《清史编年》记载：早在嘉庆四年（1799年），嘉庆"尊建储家法，亲书上名，缄藏于匣"。现在嘉庆去世，应即时启开镭匣，但一时慌乱未能找到匣子。于是，众臣派和世泰回京向皇后请示。

第二天，嘉庆近侍出示了小金匣，众臣当场打开，内有嘉庆亲笔御书："嘉庆四年四月初十日卯初立皇二子绵宁为皇太子。"于是，众臣遵诏拥绵宁（此后称旻宁）继承大统。

很快，皇后也传来懿旨："……皇次子智亲王，仁厚聪睿，英武端醇，现随行在，自当上膺付托，抚驭黎元。但恐仓促之中，大行皇帝未及时谕，而皇次子秉性谦冲，我所深知，为此特降懿旨，皇次子即正尊位。"

旻宁遂奉梓宫回京，即皇帝位。

旻宁其人

旻宁刚一即位就释放了两个被圈禁的皇叔并恢复了他们的爵位，然后宣布大赦天下。尽管如此，我们还是不能期待这位新皇帝能给大清帝国带来什么新的变化。

三十九岁的旻宁担纲重任,成了这个世界上人口最多的国家的君主。旻宁身材瘦小,面容憔悴,沉默寡言,他一直都在默默地思量着自己的好运。他已经学会了在多疑的父皇——嘉庆帝面前尽量压抑自己的真情实感,喜怒不形于色,唯有如此才能确保无虞。旻宁老成持重,他知道,自己所要做的就是静观其变。许多不真正了解他的人曾断言,他还不如其父嘉庆,将是一个更糟糕的皇帝。但实际上,旻宁意志坚定,关心世间疾苦,愿意助人为乐。此外,他还崇尚节俭,精于算经济账,假如他在一家银行或交易所任职,一定会业绩卓著。然而,他本身并不具备做皇帝的潜质,对他来说,假如当一个朴实忠厚的农夫或者充当那些仅须踏实做事、无需雄才大略的角色,可能会更合适些。

第三章
道光择臣良莠不齐

"道光"的含义

起先,清廷曾尝试为新皇帝确定另外一个年号——源煌,而非道光,但是"道光"——"道义之光泽,或理智之光明"① 最终作为最恰当的年号确定了下来。在朝廷为新皇帝选取年号的问题上,中国人的迷信思想所扮演的角色举足轻重:钦天监不仅要耗费数日参星礼斗,挑选最适合的年号,还要确保所选年号必须为星宿中群星所"接受",否则必须重选重定。

嘉庆遗诏

为了体现继位的合法性,道光帝还专门颁发了一份嘉庆皇帝长篇遗诏,现节选如下:

> 伟大的皇帝从周而复始的自然界和上天处承接了我们的帝国,并得到其父三年的教导。一个好的朝廷

---

① 根据国内部分史料,道光指"光大道统之意",但较为宽泛,为尊重本书作者的意思,本译文按作者原文直译。

存在于尊崇上天、效法先祖、勤政爱民之中。在朕当政之初，三省的强盗仍然势力强大，但是四年之后便天下太平。

朕一直视异端邪说为敌，作为支持人类社会的最佳方法，朕一直在压制这类邪说，以正念谆谆相教。对所有落在臣民身上的灾难，朕都立刻予以消除，在朕60岁生辰之际，朕豁免了全部的债务和欠款。

最近，当朕外出狩猎时，感到在登山的过程中有些困难，胸部的痰升到了喉咙处，到晚上更加严重，恐怕难以康复。我按照家法，曾于嘉庆四年四月初十日卯初，预立皇太子绵宁，亲书密缄，镐置秘椟。绵宁在匪徒们攻击朕所在的宫殿时，曾杀死了其中的两个，剩余的匪徒因此而胆怯，禁御获宁，厥功甚巨。皇太子仁孝智勇，必能承担重托，其即皇帝位以嗣大统。

这份冗长的遗诏是否出自嘉庆本人之手已经无从稽考。当时旻宁也随侍在父皇身边，毫无疑问他会为自己如愿继承皇位而不遗余力。据说嘉庆曾想立他的一个年龄更小的儿子——皇后的嫡子为继承人。但是，这个儿子当时尚未成人，皇后因担心引发宫廷内斗、兄弟相残的悲剧，便建议嘉庆维持原来的选择。于是，旻宁最终如愿以偿，继承大统。旻宁的这个弟弟就是后来的惠亲王绵愉，兄弟二人虽是长期玩伴和朋友，但后来却成了竞争者，并一度卷入皇位继承权之争。绵愉因自身原因受到迫害，但最终平安无事，并在有生之年看到道光的儿子——咸丰登上皇位。

旻宁在生母去世后便将太后视为生母，从未忘记皇太后对自己的关爱，即位后不久就封她为"圣母皇太后"，每次去请安时都嘘寒问暖、恭敬有加，躬身倾听她的建议和教诲。他的这份敬重和恭顺绝对不是做给别人看的，而是发自肺腑。

旻宁登基时还颁布了一系列诏书，其中一份中说道：

> 父皇驾崩，上驭龙宾，留下无尽仁义和慈爱，仍光耀天朝，智慧与精神永垂。朕曾朝夕随驾翊奉左右，期盼皇考之江山社稷延宕，生命长青。当父皇圣躬不豫大渐之时，朕俛伏稽颡，祈求上天，然徒而无功。皇考于勤政国是、治理纲纪之中，秘将儿臣卑微之身立为皇储。朕自惟薄德，深惧弗胜。顾念列圣诒谋、皇考付托，天位不可久虚，勉抑哀忱，钦遵成命。朕必克绍先帝遗愿，光宗耀祖，为万民谋福。

道光的仁厚

在上述这份诏书中，道光帝这番掏心窝的话并不是煽情、空洞的口头承诺：环顾四周，满族显贵、汉人朝臣、黎民百姓、狱中囚犯，无不享受到了朝廷的仁慈、厚待。道光帝将他的重点转向了老弱病残、应该受到赏赐的人、卑微的佃农和朝臣、汉人兵勇等。在社会各个阶层中普遍存在一种观望和攀比心态，都想看看到底谁最应该得到皇帝的恩惠。

尘埃落定之后，道光帝总结道：

> 瞧！现在，在继承皇位之后，朕将努力施安宁于平民大众。朕怀着崇敬的心情，接受上天慈悲闵怀的指令。愿上天辅助朕撑起肩上的重担。

中国的每位君王的统治都是从这样信誓旦旦的宣言开始的，至于一个新君主希望赐予普通大众福祉的愿望究竟有多少能够实现，那就是另外一回事了。皇帝这种最值得称赞的决心经常会落空，原因在于朝廷的那些重要朝臣既缺乏诚意，也没有足够的道德力量去实现皇帝的远大志向。其实，到目前为止，皇帝所承诺的大部分内容仅仅停留在形式上、记录在诏书中，并在新帝登基之年的某个具体的月份公之于世。

登基大典

　　随着道光登基大典的日子不断临近，大量而琐碎的准备工作全面展开。至于礼部就大典各项工作制定的全套方案是多么详尽，毋庸赘言。正如俗话所说，内行看门道，外行看热闹。改朝换代、新帝登基，中国人看的是礼数细节，外国人看的是场面华丽，因为在整个亚洲，就安排组织豪华盛大庆典仪式之最的国家而言，非中国莫属。1820年10月3日（夏历八月二十七日），道光帝即位盛典在北京紫禁城太和殿隆重举行，改绵宁为旻宁，改明年为道光元年。仪式场面宏大辉煌，整个紫禁城中，包括众多的骏马、战车、仪仗侍卫、太监宫女、王公大臣悉数登场。众人向他们的新皇帝表达效忠和庆贺。

　　这的确是一场盛典——鼓乐悦耳、凤翣龙旌、雉羽宫扇、销金提炉、御香绕梁。其中重要的一幕是："礼部尚书前趋，先行三跪九叩之大礼，然后再躬身跪下，恭请皇上即位。皇帝将从他的座椅上起身，徐徐步入太和殿，款款端坐于龙椅之中，面朝南方。五更时刻，紫禁城钟鼓齐鸣。"规模盛大的跪拜、叩首、三呼万岁之后，伴随着焚香和各种仪式，开始了最重要的环节：宣读各种诏书，呈上玉玺。

根据中国延续数百年的传统和习俗,皇帝驾崩后必须有百日哀悼期。这期间,一般不允许理发,不得进行任何娱乐活动,不得结婚,不得演奏音乐,不得张贴红纸,不得祭拜神像。内宫女眷不得使用装饰品,不得剪短头发。皇帝要在皇考棺椁旁搭建一座茅舍,披麻戴孝、焚香默祷,只有登基时,才能暂时停下,之后必须立刻恢复;每日只能进米、水,以此给整个国家树立一个孝子的榜样。根据国家严格的规定,守孝期为三年。不过,为江山社稷、国计民生,朝廷专门建制,适当缩短新帝的守孝时间。

道光对朝廷的改革

此时皇城内外沐浴在"道光爷"的恩泽中,而道光帝反而格外冷静、持重。尽管之前鲜有人认为他是大清帝国最高统治者的不二人选,但此时龙袍加身的道光帝早已踌躇满志,在不动声色之中观察宫内宫外,注视朝野周遭,并开始在心中运筹对前朝朝纲的系列增修。① 彼时紫禁城后

---

① 作为清朝入关(1644年)后第六位皇帝,道光并不属于"挽狂澜于既倒"、具雄才大略的帝王,而是一个谨小慎微、恪守祖制的守成君主。刚一即位,他就宣布:"规模制度,典册俱存,朕曷敢更易?"他只希望做些缝缀修补。

宫已经变成藏污纳垢之地，这里首先引起了道光帝的注意，为祛除积弊，他立即开始整肃。他遣散奴婢，让她们回到父母或亲属身边。她们临走时，获得了一大笔丰厚的赏赐。接着，他又将戏子、弄臣通通驱逐出宫。经过彻底整肃，整个后宫的面貌焕然一新。

为给天下树立一个洁身自好、自制节欲的榜样，道光帝在妻妾生活上十分节制。登基后，他还是与自己的结发妻子佟佳氏厮守，并很快将她立为皇后。[①] 不过，实际上他有更重要的一项职责要去履行——册封皇太后。皇太后的公允和智慧，为他成功从父皇手中接过江山基业发挥了决定性作用。继位后，道光帝迅速将皇太后的尊位提到最高[②]，并亲自向皇太后行以大礼。这场庆典十分隆重，是日，道光帝还对全国监狱在押女犯一律实行了赦免，其中既包括已经定罪正在服刑的女犯，又有仍在走司法程序的在押嫌疑人。

道光帝很快和那些曾经对他怀有敌意的皇室宗亲言归于好。他不希望采用同室操戈、冤冤相报的办法，而是实行怀柔之策，因此，没有任何一位王爷受到惩罚、贬谪，甚至连责难都几乎没有。道光帝在这个问题上展现出的宽宏大度在中国改朝换代史上并不多见，至于道光帝之前的

[①] 旻宁于嘉庆十三年（1808年）与佟佳氏成婚，登基后当年，道光帝即册封其为皇后。1833年佟佳氏死后，被册谥为"孝慎皇后"。

[②] 1820年12月，道光帝为皇太后上徽号曰恭慈皇太后。

皇帝，无一例外在他们登基以后都会变本加厉地去报复。有很多人在监狱里变得形容憔悴，然而道光帝的第一个诏令便是释放他们。由于长时间的监禁，这些人中有许多已经变得神智不清，还有一些人因为受到虐待，释放后不久即告别人世。

现在，道光帝的注意力转到了朝廷事务上。内阁大臣们顺理成章地成为道光帝首先关注的对象，被罢黜的大臣接二连三，有的是因为他们的年龄，有的则因为曾经是他父亲的御用工具。此外，在通常情况下，新帝登基之初都会拿一些最富有的前朝大臣开刀，追查其家产，然后以侵吞国家财产的罪名，将其没收，以此作为一项严厉的惩罚措施。但道光帝并没有这样做，而是采取怀柔手段。

道光的重臣

松筠

在选拔任用文武大臣的过程中，有人向道光帝强力举荐名臣松筠，希望皇上能够重新启用这位前朝重臣并委以重任，但道光帝并未立刻采纳。说到底，新帝并不喜欢恃才傲物的人。当有朝臣认为道光帝忽视了这样一位优秀的大臣时，道光帝仅仅表示愿意听取各种不同意见，但在涉及松筠的任用问题上，道光帝不愿意被那些多管闲事者左右。松筠在朝廷待了一个月后，被派去热河负责狩猎场的日常管理工作。①

其实，身为朝中大臣，没有谁像松筠那样成天过着漂泊不定、变幻无常、提心吊胆的日子。然而，松筠总能泰然面对，始终能够做到宠辱不惊——没有什么惩罚能够将他彻底打倒，也没有什么晋升或者好运降临会使他滋生傲气、办事专横。松筠在花钱时从不吝啬，总爱慷慨解囊，自己也因此常常囊中羞涩，但他从来不占穷人的任何便宜，也从不以任何形式侵占平民权益，真正是不夺分毫。这为他赢得了不俗的口碑。此外，每当国家遭遇天灾人祸，人们总是将目光投向松筠，指望这位能臣站出来力挽狂澜，使局势转危为安。这次奉旨去热河任都统并负责照料皇家狩猎场，他待的时间不算短。通过此事，他认识到，想要赢得新帝的青睐，仅仅凭借自己为先帝建立的功勋是远远不够的。俗话说，朝中有人好做官。为增强自己在内廷的话语权和影响力，他设法让自己的一个女儿成功选入后宫，

---

① 根据《清史稿》记载，松筠，字湘浦，玛拉特氏，蒙古正蓝旗人。乾隆四十八年（1783年）破格升为内阁学士。嘉庆在位期间，曾任户部尚书、伊犁将军、两江总督、两广总督、礼部尚书、盛京将军等。道光元年（1821年）召为兵部尚书，后又调任吏部尚书、军机大臣。为人处世忠谅见重，直言无避。据《清史编年》记载，1822年8月，以军机大臣、吏部尚书松筠擅改理藩院折稿故，令革去军机大臣、吏部尚书之职，以六部员外郎候补，在上书房翻译谙达上行走。

成为他在朝廷强有力的后盾。

不久,松筠即沐圣恩荣膺直隶总督要职。这一职务位高权重,连京畿重地都在其管治之下。松筠在内阁大臣中占据了相当优势的地位。这期间,他有机会与道光帝进行大量交谈,并频频言奏书谏治国良策。由于松筠生性好酒,即便在内阁议事时还经常宿醉未醒,经常不得不在自己的额头上敷上一块湿毛巾,以保持头脑清醒。那一阵子,群臣都把他当作自己的主心骨,他成为内阁的灵魂,讨论所有问题时见解非凡,并提出了非常好的建议。事实证明,松筠的一些建议和主张对道光帝不无助益。但是,道光帝希望尽量没有夸夸其谈者整天在自己的身边聒噪,不久便找到一个借口将松筠发遣至库仑,去调解那里的蒙古各部之间的纷争。从此,道光帝就看不见松筠了,他开始有了所需的松弛感。[1]

耆英

道光帝有独操乾纲的愿望,因此敕令臣僚:但凡有需要由他亲自决断之要事,务必及时禀报、不得延误,即使就寝时也不例外。这种情况还真的时有发生,道光帝本人也确实朝乾夕惕,赢得了勤政英名。然而,他想要独立于其大臣的所有努力都是徒劳的。事实上,即便身为皇帝,仍不得不依赖群臣,听取他们的建议并择其善者而从之。

---

[1] 后来,因朝野对此有些不平之音,道光又将松筠调回军机处。

不过此时，手握大权的朝臣们大都是前朝遗老，于人于事颇多隔膜。而且，他们因习惯于嘉庆帝的专横风格，已经变得唯唯诺诺，也实难有什么可取之见。因此，道光帝对他们反而不愿委以重任，只能转而倚重自己青年时代的朋友并加以拔擢任用。后者当中，我们先聊一下耆英，他是一位大臣的儿子。

耆英凭借萌生的身份，很快通过朝廷的考试，入朝为官。他很早就成为旻宁的伙伴。但那个时候，应该说，他根本就不曾想到过旻宁有朝一日会荣登九五之尊，这倒也表明两人之间的友谊不乏真情实感。

不久，他便出任山海关监督。这是个肥差，耆英很快便得到大笔钱财。同时，他经过刻苦学习，掌握了3门语言。有了这些资本，他开始在京城运作。在当初的朋友旻宁登上皇位一段时间后，耆英便返回了北京，然后一步步得到升迁，是少数深受公众喜爱的人物之一。他从不滥用权力打击政敌或者谋取私利，故而成为道光帝的得力助手。而且，这样的角色为数不多。虽然耆英家世显赫，其父的家族非常富有，但耆英这位年轻人胸怀大志，是当时令人瞩目且最具影响力的宗室贵族。他性情平和，擅长调解和安抚之术，能够平衡朝廷各重要派别之间的龃龉和冲突，其个人亦为此常常甘愿做出牺牲，也因此在朝中赢得了好口碑。

和世泰、穆彰阿

和世泰与耆英完全不是一路人。和世泰工于心计，善揣上意，而且重视在后宫活动以图能够借力发展。他能言会道，想方设法接近道光帝，借着进言之机极尽奉承，满足皇上的虚荣心、博取欢心，转过来又狐假虎威、独断专行。实际上，和世泰除了阿谀奉承别无他能。在相当一段时间内，和世泰都把持着道光帝身边的最高官职，且他的话完全充塞了皇帝的双耳。他是整个朝廷的一个威胁，随时准备火上浇油并置人于危难之地，朝臣们谈之无不为之色变。

穆彰阿在个性方面倒是与其主子极其相似。穆彰阿平日性情冷漠，缺乏主见并很少讲话。并且，他与道光帝一样优柔寡断。但他心思缜密，善于揣测道光帝的心思。因此，在皇帝的众多臣子中，他总是对皇帝的言行随声附和，君臣之间相安多年。作为一个满族官僚，穆彰阿在儒学上造诣很深，时人以之为理学名家，但他的思维方式仍然是满人本色，他所渴求的就是成为道光帝身边的一道影子，与皇帝形影不离。嘉庆十年（1805年），穆彰阿即中得进士，但终嘉庆一朝却郁郁不得志。不过，宦途失意似乎恰恰有利于他与旻宁成为朋友。在一两次见面之后，两人便难舍难分。后来，在道光时代的大臣中，穆彰阿当权的时间最长，也不像其他官员那样经历中国朝廷十分普通的

"一朝天子一朝臣"这种常见的人生坎坷。穆彰阿的沉稳与道光帝也很像,即如果有什么过失需要责备他人的话,他也像道光帝那样总是先责备自己。在道光帝看来,穆彰阿就是自己的一个复制品。

琦善、伊里布

琦善是商人与朝臣的结合体,一手抓权、一手抓钱,在这两个方面他的能力无人能及。即使是将其置于梅特涅①、塔列朗②之列,他也令人不敢小觑。他总是温文尔雅、含蓄且礼数周全,表面上能够虚己待人、倾听他人意见和不同观点,但骨子里却刚愎自用,在任何一个核心问题上都不会轻易让步。琦善性格方面的这些特点,使他很适合担任直隶总督一职,连京师都隶属其管辖。琦善似乎总是在发表各种政治见解、各种治理方案,预测各种未来运势。道光帝身边的整个忠实"朋友圈"或许都把他看作尤利西斯(Ulysses)③式的人物。然而,琦善也有两个十分突出的弱点:一是为人处世喜好吹毛求疵,二是骨子里视财如命。这无疑使他闪光的德能大打折扣。

对于同僚,不论官位大小、职级高低,琦善都喜欢横

---

① 梅特涅(Metternich,1773—1859),奥地利政治家、大臣,欧洲同时代最重要的外交家之一。
② 塔列朗(Talleyrand,1754—1838),法国乃至欧洲的杰出外交家。
③ 古希腊史诗《奥德赛》中的英雄。

挑鼻子竖挑眼，他经常书写措辞辛辣的长篇奏折来抨击他们的官风政绩。如果皇上能因此对他们重加责罚，琦善会十分得意，认为自己是受益者。对于琦善的这点小伎俩，道光帝似乎早就了然于心，遂经常给他人反驳的机会，琦善也会受到处罚。他对金钱的贪爱没有止境，而且，在这方面与道光帝很相似。他贪得无厌、累财万贯，从不满足，其生活极度奢华。但是，琦善为人亲切随和、洞察力入木三分。对此，凡与之有过交集者无不印象深刻。当陪在皇帝身边时，琦善这样的人简直如鱼得水。而与琦善交谈，又是他展现无穷魅力的时刻！因为他能用诙谐的语言表达好的、具有启发性的观点。琦善深知自己充其量不过是一个普普通通的蒙古贵族，没有过硬的后台，因此对于晋升之事未存非分之想。但因偶然的机会，他成为旻宁的个人朋友，想要不飞黄腾达都不可能。

在朝廷，与琦善截然相反的是伊里布。伊里布比道光帝年长几岁，就性格而言，他还是属于爽直坦诚、不擅阿谀奉承的那一类官员。虽然他在出谋划策方面的才能不济，但对道光帝忠心不二，正是他给皇上留下的竭尽忠诚这一印象，屡屡决定了他不错的官运。由于伊里布常常心直口快，难免不时发生出口伤人的情况，使其不断被外放地方。但即使如此，皇帝还是让他统领一方，并且始终没有把这个忠心的奴才放到自己的视线之外。每当文武百官认为伊里布被当今圣上遗忘的时候，马上就会出现一道圣旨，令其立刻回京。回到京师并再次受到重用的伊里布总令朝野不敢小瞧，直到他那无法克服的耿直再次导致主仆关系失和，开始另外一个被外放的轮回为止。

赛尚阿、隆文、庆祥、玉麟

赛尚阿自始至终都是朝廷的一员干将，他忍辱负重、做事勤奋，在处理复杂案件方面经验丰富、才智过人，可以说是一位律师兼顾问。当旻宁还是一个普通皇子，完全看不出任何将来某一天将龙袍加身的前景时，他就成为旻宁的铁杆拥趸。不过，赛尚阿的个人气质与朝廷的官场文化、氛围格格不入，多次遭人暗算，并因此被频繁发往外省任职。经过多年的磨砺，他渐渐地成熟了。当人到中年，非常需要谋求安稳的生活时，他又重回到朝廷的小圈子。赛尚阿变得为官谨慎，从而减少了宦海沉浮。

隆文无论是性情还是行为，均与众不同。他唯一的乐趣来自位列于群臣之中入朝面圣。在这个多事之秋，他赤胆忠心，与道光帝同甘共苦。隆文沉默寡言、性格坚毅，面对目标，总是坚定顽强。在性格方面，他与道光帝也有几分相似。不过，道光帝看重的还是隆文作为一名武将的气质，将其留在了自己身边，当了一名近身侍卫。

在道光帝的身边人或者说圈内人中，庆祥和玉麟称得上是"闪耀双星"。对于道光帝来说，庆祥和玉麟就像涅斯托耳（Nestors）①，他俩是皇上意志的忠实执行者，而且从不问为什么，完全就像专门执行道光帝旨意的两台机器。只要这两人在皇帝身边，大清帝国的政令就畅通无比。只要皇帝一句话，两人立刻就办，一丝不苟、雷厉风行。他们的办事风格令人难以置信：他们从不去想究竟还能够有什么更强大的力量竟然能够如此驾驭人类。多年来，道光帝视庆祥和玉麟为心腹、密友，即使他俩偶尔有不得志的时候，那也是暂时性的。

道光的亲友

裕泰和那彦成二人都出自满族家庭，也都曾在嘉庆帝手下为官，但因皇上乖僻无常的秉性，他们始终际遇不顺，仕途坎坷。现在终于熬到改朝换代，他们迫切希望能够时来运转，为此，二人对道光帝竭力输诚、俯首听命。在为官方面，裕泰与庆祥也很相似。庆祥也属于担任过多个要职的官员，虽然以一个真正政要的标准衡量，庆祥的能力的确不算突出，但他的过人之处同样在于对繁重的工作始终保持着足够的韧性，并且在多个重要岗位上都始终如一。

---

① 希腊传说中的皮罗斯国王，海神涅柔斯之子，在大力英雄赫拉克勒斯对皮罗斯的攻击中幸存。其名字大意是"安全地救回来"。

裕泰在跌宕起伏的仕途中同样能够保持定力，忍辱负重、心无旁骛。正是这一点帮助裕泰最终实现了个人的夙愿。

就个人性格特点来说，惇亲王与道光帝在许多方面也有不少共同之处。当他还是孩子时就已经和旻宁一起玩，经常陪他读书。由于有相似的性格，惇亲王非常遵从旻宁的意见，并借机恭维旻宁，满足他的自尊心。道光帝在掌权以后，对惇亲王的学识才华极为倚重，并委以重任，以此感念他俩的童稚之交。虽然惇亲王从来没有辜负道光帝的信任，但也无法摆脱人们对他能力不足、德不配位的普遍指责。

在道光帝自家的长辈之中，他对皇叔仪亲王的照顾的确不少。仪亲王并没有展示出任何辅佐皇帝治理国家的才能，不过，他倒是甘于寂寞，没有任何抱负或野心，这反而容易赢得尊重。

奕绍是道光帝的族侄，若论受人尊敬且具咨议之长，可以说是当时为数不多的人物。旻宁、奕绍叔侄二人在青少年时期就相交较深，趣味相投，在一起时很开心。道光帝将奕绍封为亲王且令其长期位居亲王之首——这可不是一个易于充当的角色，麻烦事和揪心事随处皆是，当然，这也表明这对叔侄之间亲密无间。此外，道光帝还给予奕绍丰厚的俸禄且时时额外给予关照，对这位侄子宠爱有加。奕绍看上去没有可资炫耀的才干，但性格稳重，脾气随和，易于相处。此外，奕绍安于现状，墨守成规，既不会自寻烦恼去查证事实真相，又经常固执己见并难以通融。在宫廷中，奕绍多少算是一个另类。

道光的弟弟和心腹们

道光帝对其弟惠郡王绵愉格外喜爱。绵愉原来也曾有继位的可能。他似乎一直和蔼可亲，并兼得举止沉静和思想深邃之长。有时道光帝甚至会因绵愉具有皇弟之威严和大臣之风度并深孚人望而心怀嫉妒，时不时也为此心生悔意。绵愉曾偶有失宠之时，甚至不得不远离皇恩照拂，但是不久后道光帝又萌生悔意、赐其还朝，兄弟二人遂和好如初、情谊更浓。多年来，绵愉与道光帝的关系似乎一直亦师亦友，而且绵愉多次为其皇兄出谋划策。

在那些深受道光帝宠信的臣子之中，奕经可谓最有负圣恩的一个。作为皇亲，奕经放荡不羁、懒惰性野，一身恶习。此外，他不但不学无术，而且纵情酒色，行事既无轻重之别，亦无缓急之分。然而，道光帝在奕经的任用问题上，可以说是信错了人，将最重要的内政外交都交给了奕经处理。尽管奕经昏招不断，错漏百出，但众人皆知他是皇上身边的红人，即使有不少人想弹劾奕经，但也投鼠忌器。结果，反而出现赞美之声代替弹劾之音，将这位庸才捧成了完人，使其虽多有祸国殃民之错却未失道光帝偏信之宠。

奕山也是道光帝的一个族侄，也深得皇上宠信，但奕山比奕经更不值一提。奕山品德恶劣，昏庸无能，为人傲慢专横，极端自命不凡。起初，道光帝对奕山宠爱有加，凡能给他的封赏几乎都给了。但奕山的各种劣迹最终还是迫使道光帝不得不把他从自己身边打发走。

上述所谈及的人物都算得上是道光帝身边最耀眼的一些官员，虽然这些人中的确没有几位出类拔萃的干将，绝大多数为庸碌之辈，缺乏能够从大局出发，真正帮助道光帝通盘考虑问题并果断做出决断的谋士，但也确实不乏品行端正者，他们像道光帝一样，处事严谨，不苟言笑。另外，道光帝完全废止了其父皇在位时宫中歌舞升平、寻欢作乐的风气，前朝那些炙手可热的名角伶人也都因此失去了皇家的宠爱，成为嘲笑的对象。道光帝还决意削减宫廷的大笔开销。为此，道光帝首先严格要求自己，同时明确要求身边的文武百官向自己看齐，特别是要求自己身边的那几位宠臣必须以他为榜样。为做好表率，道光帝对每日餐桌上来自全国各地的山珍海味、美味佳肴进行了大幅缩减，衣着和服饰也以简单、得体为要，不允许朝廷官员在吃穿上多花一两银子。不过，道光帝身边仍然有人私底下认为皇上此举是形式重于内容，他们还认为皇上过分追求形式无异于吝啬。

大清帝国的各类庆典名目繁多，每个庆典都有繁杂、严苛的礼宾礼仪规矩和规格，没有一项不需要动用国库的银子，但道光帝始终强调能省尽省。至于宫中人员的膳食、娱乐以及各种家具、房屋修缮维护等方面的日常开销，道光帝也明确指示所有的手下人必须精打细算。

道光的贪念

道光帝十分重视积攒财富，特别是白银。在这方面，道光帝与那几位先帝还有所不同，没有像他们那样大量收藏各种稀世珍品，并且在逢年过节时把它们拿出展示。道光帝在做皇子时就深深体会到"苦日子"的滋味，那时他的父皇嘉庆"囊空如洗"，身为皇子的他因此学会并满足于过勤俭的日子，养成了细水长流的花钱习惯。不过现在，旻宁已经不是当年的那个旻宁，身为大清帝国的皇帝，如今的道光非常痴迷聚敛钱财，可以说，没有什么能比亲眼看见面前那些明晃晃的金银更能让他乐不可支的。他的宠臣们都对皇上的这点小嗜好心知肚明，因此每逢觐见都出手阔绰。日积月累，道光帝收受的银两越来越多，其数量之大甚至对流通产生了直接的影响，导致市场上流通的银锭出现短缺，扰乱了国家货币的周转。这种情况有时会带来灾难，而且灾难一旦发生，极有可能无可收拾。

另外，要从国库提取一笔官银也变得十分困难，道光帝将银库的大门看守得极严,通常当申领人最终能领到一笔款项时,其数额往往已经被砍掉了不少,有苦都不知道到哪里去诉说,去向谁倾诉!

事实上,大清帝国最大的"守财奴"不是别人,正是该国最高统治者——道光皇帝本人。身为皇上,道光帝将此前获得的一切黄金白银都紧紧攥在手里,有时会赏赐身边的奴才一点儿救命钱。但凡皇宫中的御花园破旧失修,或者宫殿濒临垮塌,有关官员就会奏请皇上下拨维修经费,如果有人借机抬高预算或动别的脑筋,毫无疑问将因此永久失去皇帝的宠信。令人难以置信的是,如果道光帝认为这笔预算还算合情合理,他会想方设法将这笔开支分摊或转移到某些官员身上,自己则一毛不拔。道光帝的高官重臣们无论是谁、无论以何种方式,但凡受宠者都得掏腰包。一旦道光帝对某位高官的表现不满意,那么,在审判程序开始之前,首先将其家产全部没收,即便是他最亲密的心腹也无法逃过这一劫。即使日后有机会再次赢得道光帝的欢心,被没收的家产也不可能被返还。所以,大臣们心里有数,在道光帝面前都不敢露财、显富。因为,如果一旦让道光帝盯上了,皇上派出的抄家人员可能随后就到。对这笔钱,可以把道光帝的贪心解释为节俭,但从客观效果看,道光帝搜刮朝臣们所获得的一笔又一笔钱对于弥补大清国库亏空倒是不无助益。不过,社会高层此等的榜样给底层官员带来了无穷的危害。

道光的公正和仁爱

作为大清的皇帝,道光帝有着与生俱来的正义感:他对文武官员为达到某种政治目的而不择手段编造谎言的行为深恶痛绝。而且,在对所有案件的司法诉讼过程中,他都主张宽容仁慈。作为一位至高无上的大清皇帝,他完全有能力查清一起案件的所有真相,他的确也尽了最大努力调查案件的真实情况,并对那些能够秉公断案的官员予以奖励。道光帝为避免审理不公或量刑不当,甚至能够容忍敢于当面指出皇上失察或误判的官员,并十分乐于公开采纳他们提出的不同看法。

此外,道光帝内心深处不但坚忍顽强,还具怜悯之心。例如,虽然他长期被臣子中不少心术不正、谄佞无耻之徒所包围,但他始终能够做到"出淤泥而不染"。就在旻宁登基前夕,大清国曾经历了一次地震,这次地震受灾范围广,灾区损失重。道光帝一登基即全力救危济困,后来,凡是国有大灾、民众受难,他总是心怀慈父之心救济百姓。不过,唯一的前提条件是,皇帝本人绝对不会自掏腰包。

道光对教徒的宽容

众所周知，嘉庆帝曾经长期对各种宗教组织兵戎相见。说来也挺奇怪，嘉庆帝对这些教派用兵，并不是因为他反对其教义，而仅仅是因为他痛恨这些教派的教名或称谓。这也算是嘉庆帝的一种怪癖。每当听到这些教派的名字，嘉庆帝立刻就会气不打一处来，甚至怒不可遏，他因此对教派进行长期的残酷镇压。直到执政晚期，嘉庆才逐渐明白了一个道理，即对教徒们镇压得越严厉，教徒们的信念就越坚定，也就更加难以控制。因此，嘉庆帝开始对针对教派的相关政策进行反思，原先那些无情镇压的残酷手法出现了明显的调整。道光当权后，对其父皇处理教派问题的得与失进行了认真梳理总结，并得出结论性的看法：仅仅因某个人的政治立场或宗教信仰与大清国所提倡的正统标准有所不同，便对其动刑甚至置之死地，是荒谬的。

因此，道光登基后，朝臣们都对道光帝在处理宗教问题上的想法心中没底，希望尽快摸清楚新君主是否会像其父嘉庆帝那样，尤其是道光帝会在相同的道路上走多远。为此，官员们巧妙地找了一个案子上报道光帝，希望借机"探清楚皇上的底牌"。于是，他们指控三个人是基督徒。道光帝的做法是：对这三人的案子视而不见，不做任何表态，并认为没有必要援引先帝关于在大清国传播罗马天主教教义而制定的相关惩戒措施。纵观道光帝对宗教问题的立场，宽容是首要的，这个基本态度始终没有什么太大变化。从这一点来看，但凡中央或地方官员在处理涉及外国传教士在华活动并引用前朝制定的惩罚办法，一律可以视为是这些官员的个人行为，统统与道光帝的本意背道而驰。

但是，绝不能因此就认为道光帝对各种教派的非法活动一味宽容、姑息。道光帝偶尔也会视情况诉诸法律。例如，个别教派组织，打着宗教的旗号，实则是想要颠覆大清政府的政治团体，甚至还抢夺、非法侵占他人财物。对这类组织及其活动，道光帝绝不留情。在中国，类似的问题自古以来就存在，这类非法组织公开挑战法律，并且很难根除。朝廷在将它们打压下去之后，它们或改头换面，或巧立名目又以新的形式冒出来。在历史上，借宗教名义搞政治活动危及社会稳定的事例屡见不鲜。对此，朝廷都是采用一切可能的极端手段加以镇压。

第四章
回疆平叛张酋遭斩

帝业的安宁

更远的不提,与大清王朝入关以后的五代先帝继承大统的过程相比,旻宁的登基波澜不惊,朝野无人敢说三道四,而道光帝之前的五位先帝无一不经历一波三折,遇到这样或那样的困难和挑战,其中包括来自皇亲国戚或文官武将的明枪暗箭。但对道光帝而言,前朝嘉庆的暴虐已致人人自危,对朝纲更替不敢妄言,都期待通过改朝换代将自己从无法忍受的压制中解救出来。因此,道光帝要笼络人心、共襄国是已非难事。

道光帝执掌大清帝国玉玺之初,除了拥有人和以外,天时地利也对新朝十分有利。嘉庆年间,针对朝廷此起彼伏的各种抗暴运动顿时停了下来,"暴民"们纷纷拥护道光帝所施的仁政。然而,山高皇帝远,远在云南边陲山寨的民众和北方一些省份的百姓还在因饥荒而不得不劫道或打家劫舍,但即使是这样的情况也很快就趋于平静。此时,全国各地都呈现出一派祥和、安定的景象。

同样,如果与前几位清帝执政头四年国内形势做一个横向比较,道光帝在位的前四年可谓政通人和、四海升平、九州安定、动乱全无,加之没有这样或那样的纷争、冲突需要新帝亲自出面抚平、化解,对道光帝来说,驾驭这样一个疆土广袤的大帝国也就不是一件太难的事情了。此时从天朝放眼四方，对外构建和平的各种方针政策也收到良好效果，辽阔海疆难觅海盗踪影，海上贸易规模与总额均屡屡突破历史最高纪录；各种传统民族产业都处于历史最佳发展时期。不过，河流决堤或大涝造成庄稼受灾的情况仍然时有发生，但即使如此，百姓基本生活也有保障，全国不少人手中渐渐有了积蓄。总体来看，道光帝登基之后前四年的大清国基本上保持了国泰民安、社会稳定的局面，这样一来，留下来的有关文字记录反而十分有限，可供历史学家研究这段历史的素材也就更少了。

道光的花园和宫殿

　　道光帝生性好静，讨厌宫廷中的喧闹繁忙，喜欢后宫生活，也不愿意离开京城远足旅行。例如，他完全不像先帝们那样，总爱去木兰围场狩猎。他最爱去的地方就是圆明园，这是一座皇家御苑，宫墙内树木参天、草深叶茂、清幽僻静，到处都呈现出一派田园牧歌的景象，令人心旷神怡。在这里，道光帝清闲自在，经常在朋友和一些嫔妃的侍奉陪伴下消磨时光。有时，他也喜欢独自在林间散步，或在一些宫女的簇拥下，乘着小船沿着园中的那几条小河游玩。每当这样的时候，道光帝身边的内侍太监们会将所有呈送皇帝的奏章都挡在这座神圣的御苑之外，道光帝仿佛全然超脱于整个世界之外。

通过种种迹象似乎不难看出，道光帝没有什么较为特别的追求，他所需要的是身心的放松，而非朝堂上的摩肩接踵、熙来攘往，更不是满脑子的朝纲。因此，他经常差遣身边的一些太监前往各部门传达自己的口谕。由于道光帝的口头旨意通常只有三言两语，经常使得内侍太监们摸不着头脑，更不用说真正吃透其中的精义要旨了。

道光帝目前使用的宫阙殿宇都是先帝们反复修葺装饰过的，艺术风格突出。室内精美无比的各式钟表、画作、工艺品等陈设品不计其数，营造出浓郁的文化氛围。其中，画作大都出自皇帝御用的欧洲或中国大师之手；艺术品中有不少是来自欧洲的，琳琅满目，异国风味强烈。有意思的是，康熙帝曾经住过的房间里甚至还摆放着不少西洋乐器，其中还有几架漂亮的斯皮内琴（古式乐器，类似钢琴），康熙帝偶尔会去触触键，其发出的悦耳声音常常令在场的人惊叹。每当康熙帝摆弄这些乐器时，欧洲人总在场，他们除了负责解释这些乐器的性能外，一旦哪件乐器出现故障，他们还必须维修。不过，道光帝的品位不同，他对这些均没有兴趣。所以，这些精致的艺术品统统被堆放到了一间大库房，并且因长期束之高阁，被人遗忘而损毁或腐烂。

因此，道光继位后，在朝廷供职的洋人也逐渐离开宫廷返回母国，包括在京师钦天监①任职的几个葡萄牙人也只在京城多驻留了六年，最终在1826年被朝廷解雇后离开了"天朝大国"。值此，虽然还有为数不多的几个俄国人留在京城，但这个东方大国与西方之间的所有联系已经就此中断了。在大清国的对外关系与交流方面，另一次大倒退拉开了序幕。道光帝对欧洲来的那些艺术品、科学仪器等的不屑一顾折射出他内心对西方实力的恐惧，而正是这种畏惧心理驱使他对一切与远在欧洲那些国家有关联的东西都一味拒绝或排斥。其实，这位大清国皇帝并不讨厌或憎恨那些曾在宫廷侍奉他的洋人，他对那帮洋人只是有一种忧虑，尤其是他们骨子里的那股优越感中所反映出来的科技实力。道光帝一直在不断提醒自己，总有一天这些洋人的影响力会威胁并削弱自己的皇权。接下来发生的一系列事件非但一点儿没有消减道光帝对洋人的这种担忧，反而这种莫名的担忧还阻碍了道光帝对西方的了解。

满人宴饮

道光即位后，嘉庆年间经常举行的宫廷盛大筵席被完全叫停，紫禁城内皇家剧场也格外平静，歌舞升平的景象

---

① 清朝观察天象、制定历法的机构。

风光不再，皇家举办的各种庆典也少之又少。唯一保留的是个别满族的传统活动，例如食肉节，即为保持以狩猎为生的习俗，本族人聚在一起大快朵颐，以牛羊等动物为食，并海量畅饮一种容易醉人的马奶子酒，不吃主食或其他任何食物。每当举行这样的盛宴时，道光帝都会邀请部分文武大臣参加。这类筵席热闹非凡，人声鼎沸，被吃掉的食物越多，越能表现对主人的尊重。席间，道光帝与宾客一道纵情歌唱，内容无非天下满人为一家，彼此肝胆相照等。筵席通常持续数小时，散席时，客人们会将吃剩的肉带回家。一般情况下，能列入宴会邀请客人名单就是受皇帝恩宠的证明。换句话说，如果不是道光帝的心腹或十分赏识的王公大臣，绝对不可能有机会出席。

热河是康熙帝、乾隆帝最钟情的度假胜地，而道光帝更喜欢在京城或其近郊娱乐放松，很少去热河。在京郊的那座著名的人造假山上，道光帝度过了他一生中绝大部分的时光。这座假山在行宫围地之内，周围由湖泊、溪流和岩石所环绕。

道光帝曾经踌躇满志，希望仅凭一己之力来治理大清国，但谈何容易。现实是，如此庞大的一个国家，每日从中央到地方，各种事务应接不暇，要想事无巨细、事必躬亲完全不可能，即使是只处理最重要的要务都做不到。最终，独掌管治大权的尝试完全以失败告终。于是，对禧恩等人来说，这为他们重新将国家政务攥在手中并打击异己提供了有利的机会。旧臣们担任的都是一些虚职,所有实权都落入道光帝的宠臣之手。虽然道光帝仍然用内阁(由四位主要大臣和两位协办大臣组成),但他更重视另外一个机构——军机处,任何人未经道光帝的钦选是不能进入军机处的。① 所有重要事务都由军机处决定,没有军机处的许可,任何事都不能做。道光帝将自己的心腹安置在军机处,借此掌握着国家的最高权力,并直接指挥大清国的内政外交。话又说回来,这种连道光帝也要礼敬遵行的机构也的确防止了宫廷中不必要的内斗和分裂。在通常情况下,宫廷斗争对皇帝治国方略的杀伤力更大。无论忠奸智愚,军机处的这些人大权在握,在客观上也给道光帝头几年的朝野带来了相对的稳定。

大清帝国的征战

大清国边疆地区的各种天然地形对国土防卫十分有利,特别是东北部和西北地区群山起伏,很难翻越,成为抵御外敌入侵的重要屏障。自从满族人入主中原后,之前其所

---

① 清代内阁正式设置于顺治十五年(1658年),由原内三院改称。内阁是清代辅佐皇帝处理国家政务的中枢机关之一,居六部之上,地位崇高。内阁有大学士、协办大学士、学士、侍读学士、中书等官员。雍正年间,设立了军机处,成为凌驾于内阁和议政王大臣会议之上的最高权力中枢。

统治的东北地区与中国版图完全融为一体。经过反复征战，蒙古各部也成为中华帝国的一部分。清政府还逐步将西藏完全置于有效管辖之下。其实，地域如此辽阔的中华大帝国，应该对征服疆土的雄心加以约束，因为开疆拓土是一件很危险的事，但大清国皇帝对此不以为然。征服天山北路厄鲁特蒙古的战争就是一例。继康熙帝之后，乾隆皇帝再次派遣重兵前往征战，但同样遭受到异常顽强的抵抗，不但使清政府付出了高昂的代价，还造成一系列灾难性后果。当初乾隆帝对这样得不偿失的结果并不是完全心中没有数，但他仍然知难而上。最终还是因为各种出乎意外的原因，清军获得了胜利，迫使这些地区的游牧人向大清皇帝俯首称臣。

抑商靖边

清朝对整个西部疆域在贸易方面所施加的强制性限制措施是引起那片地区民众普遍不满的一个重要原因。来自内地的茶叶是地处西域的维吾尔人、布哈拉人和其他民族的日常生活佳品，丝绸同样是他们的心仪之物，逢年过节如有丝绸制成的服饰，尤能增添喜庆色彩。包括这类商品在内的各种货物贸易量大，增长速度也快，本可为参与其中的各方提供丰厚的利润，形成多赢。然而，大清国的海关官员们或巧取豪夺，或敲诈勒索，使交易各方的收益都大幅缩水。山高皇帝远，于是乎，逃税、贿赂等行径猖獗，直接影响到西部地区的稳定。朝廷也因此逐渐形成了这样一种看法，即限制贸易有助于确保边疆地区安全，甚至有了全面禁止贸易、彻底断绝与整个西部地区贸易往来的考虑。

张格尔之乱

当年，回部地区的许多商人在贸易途中习惯于造访邻近国家或域外部族，其中不少人信仰伊斯兰教。然而，一些别有用心之人妄图制造分裂，对清朝统治产生错误认知。张格尔①是回部前首领后裔，其先辈因发起"大小和卓之乱"②被清朝政府依法惩处。但清军也给张格尔留了一条命，仅将其逐出家园。之后，张格尔主要栖身于浩罕国的布哈拉③，与该国首领暗中勾结，竭力准备谋求恢复祖业。

道光六年（1826年），在浩罕王的支持下，张格尔纠集

---

① 乾隆初，回部首领波罗尼都叛乱被诛，其子逃往浩罕，后生三子，张格尔为第二子，为报所谓"祖仇"而起事反清。
② 乾隆二十二年（1757年），天山南路维吾尔族上层首领波罗尼都、霍集占，即所谓大小和卓兄弟发动叛乱，史称"大小和卓之乱"。
③ 现为乌兹别克斯坦重要城市。

了大量不法之徒，沿着锡尔河谷①窜入回部，制造叛乱。张格尔以虚假的宗教名义，妄图用暴力推翻清朝的统治。

不过，张格尔组织的第一次行动并未获得预期效果，他不得不将人马撤退到巴达克山，一边休整补给，一边伺机而动。这期间，张格尔的对手"成全"了他，清廷对回部地区的压迫已经把当地人民逼得无路可走，只有揭竿而起，他们追随张格尔冲州撞府、攻城略地。而张格尔利用清政府在当地不受欢迎、清军力量单薄之机，笼络人心，并抓住战机，率众攻占了喀什噶尔等西四城，把未能逃离的所有汉、满居民一律掳杀。浩罕首领闻讯大喜，立刻率军前往瓜分战利品；同时，他还趁清军失利之机，帮助张格尔又夺取了两座大清城池。至于浩罕王，此人并不是一个重义而可以依靠的明主，他之所以力挺张格尔，仅仅是为一己私利。经过权衡利弊，浩罕王认为投靠清廷才是长久之计，便将张格尔撂到一边，归顺了清廷。

初尝胜果的张格尔喜形于色，不久便现出了原形。他行事专横，暴虐已极，导致众心怨恨。张格尔根本无意兑现此前向回部百姓所做的给予他们自由的承诺，回部地区民众因此十分担心再次回到任人宰割、当牛做马的日子。

大清帝国地域辽阔，驿站系统也因此分布甚广且运行

---

① 锡尔河，发源于天山中段，流经吉尔吉斯斯坦、乌兹别克斯坦和哈萨克斯坦等国。

高效、顺畅。没出二旬，张格尔叛乱的消息即穿过大漠戈壁，由驿卒报到了紫禁城。一时间，朝中众文武官员议论纷纷，都希望道光帝这次能够御驾亲征，因为人人都知道，早在道光帝做皇子时期，就对军事抱有浓厚兴趣，对军旅之事一点儿也不陌生。然而，随着一支规模庞大的清军受命直接赴疆平叛，特别是这支部队总督①和统领们的诏令宣布后，百官一时间的确十分不解，并感到失望。

在这次调集组建并动员这支远征部队的过程中，道光帝确实展现出了相当的能力，特别是在筹集军费方面。道光帝考虑到这次军事行动路途遥远，情况复杂，为确保军需供给不拖作战后腿，因此下令：所有商号和富人均必须出钱出力，以示其所怀爱国忠君之志和救世济民之心。后来的事实显示，在道光整个统治过程中，一旦出现类似的紧急情况，他都是采用这样的方法来解决军饷问题。在这次平息张格尔之乱的爱国礼捐过程中，远在广州的商行和商人们捐助得最多。按当时英国货币计算，参加平叛的清军每天平均要花 2.3 万英镑，如果没有征用国家的所有资源来满足这个紧急需求，国库必不可支。

这支大军刚开始穿越哈密沙漠时就因饮用水和粮草不足而导致很多士卒和牲畜死亡，损失惨重。这暴露出清军

---

① 据有关史料记载，首任指挥部组成是：长龄为主将，杨遇春、武隆阿为副将。

后勤补给能力的脆弱。

回部的战败

这期间，张格尔本可以抓住这一绝佳战机，在通往天山入口的战略要地设下埋伏，伺机突击那支人困马乏、士气不振的大清远征军，取得大胜是完全可能的。但是，张格尔见事迟缓，行动拖沓，错失了这个良好的机会。彼时，地处叛乱地区的几个城池依然效忠清朝，当地军民为清军提供了给养，清军因此迅速缓过劲来，紧接着便擂响了攻击张格尔叛军的战鼓，平叛战役正式打响。

清军这次长途征讨张格尔叛军的首场战役发生在浑巴什河沿岸地区，双方投入的兵力一度多达六万。但是，两军交手没有几个回合，叛军中就不断出现大量士兵临阵逃跑的情况，这极大地影响了叛军的士气，其战斗力也因此受到削弱。不仅如此，值此生死攸关之际，叛军内部又爆发了各种矛盾，同属伊斯兰教的黑山派与白山派之间的争斗愈演愈烈了。属于白山派的张格尔与黑山派势力之间的矛盾冲突顿时激化，黑山派甚至因张格尔在战场上受挫而喜形于色。

清军与叛军之间此后还发生过多次交战，但关于这些交战的详细战况鲜为人知，只有大清朝廷的官方记述。不过，这些记述从来不会遗漏清军胜利的记录，未必完全可信。鉴于清军一时拿不下张格尔，两军形成拉锯战。道光帝本来就厌烦战争，面对这种情况，他忧心忡忡，不愿久拖不决，造成国库严重消耗，却没有任何收益。于是，道光帝一方面向前方增兵添饷，并派出由上万峰骆驼组成的运输队，运送各种军需和粮草；另一方面，他下令不惜一切代价擒获首恶张格尔。道光帝还强调：对于首恶张格尔，活要见人，死要见尸，并将重赏有功者。

对张格尔来说，道光帝这道敕令无异于他的催命符。令下之日，至交远离，叛行迭起。不出几日，张格尔陆续丢掉了先前占领的四座城池，并四处逃窜。当道光帝闻奏清军克复喀什噶尔时，竟然喜极而泣。清军发动的这场讨伐极为惨烈。在各种战斗中，张格尔的部队屡战屡败，如果他们曾经制定过一个明确的计划，比如一个大家都知道的集结地点，或者甚至是一个可由他们支配的军械库，或许他们最终就会获胜。但是，他们既无外援，还有内斗，生死之间，复能何为？

张格尔的穷途末路

道光七年（1827年），清军成功收复西四城。张格尔意识到自己已经山穷水尽、四面楚歌，便跑到布鲁特，请求自己的同宗教友们帮助他与清军周旋。然而，一个名叫伊萨克的教徒属于黑山派，与属于白山派的张格尔矛盾较深，最后他向清军出卖了张格尔。1828年3月，清军将张格尔俘获后，押解到了北京。道光帝遂下令将张格尔凌迟处死。张格尔被处死之后，他的亲属作鸟兽散，除被流放之外，一些逃至柯尔克孜部落寻求庇护，柯尔克孜人出于一些原因对他们给予了善待。之后，面对清廷施加的压力，柯尔克孜人拒绝交人。

道光帝发起的这场征讨虽然获胜，但战争结束后，回部地区满目疮痍，一片凋敝，朝廷为此花掉了数百万两银两。回过头来看，唯一受益者似乎只有浩罕王，他精于算计，假清廷之手，清除了自己的对手，还向道光帝出卖了自己的朋友。此外，浩罕王通过与清廷合作，不断向后者请赏，同时借助清廷的背书，在回部各派之间调解教争，还拿到了向往来于回部商队收税的特权。

战争期间，军机处各位大臣在这场平叛战争的具体问题上意见不统一，因此道光帝被迫对军机处进行调整。例如，军机处曾上奏一份奏议，以纾解朝廷财政困窘并保障军饷供给等为由，奏请皇上批准在位于京畿附近的易州开采银矿，满族帮办大臣英和[①]在这件事情上最为踊跃，但

[①] 据《清史稿》载：英和于道光七年（1827年）"奏商人请于易州开采银矿，诏斥其冒昧。调理藩院，罢南书房、内务府大臣"。

最后道光帝指责他所议不实，有胁君之嫌，并降了英和的职。事实表明，道光帝在对军机处进行调整的同时，还奖罚分明。在这次两军交战的整个过程中，其最勇者当属长龄①，赐封威勇公，他因此渐次升至军机大臣，后来又成为一名侍卫内大臣。长龄虽为蒙古人，但道光帝视他如股肱，并经常就重大要务听取其意见。此外，战事之后，道光帝还嘉奖了几位表现突出的将军，如赐封杨芳为果勇侯，在御前侍卫上行走。还有胡超、余步云等人受到奖掖。

平叛胜利后的封赏

道光帝对在平定张格尔之乱征战中的有功人员进行嘉奖。在受奖人员中包括不少罪犯，这些罪犯从全国各地送到战场后，他们在抓捕或招降叛军等方面的确发挥过重要作用。道光帝为示恩典，赐他们顶戴和花翎，并且允许他们重归故里。不过，后来的诸多案件表明，这帮人本性难

---

① 长龄，字懋亭，萨尔图克氏，蒙古正白旗人，生于乾隆二十三年（1758年），卒于道光十八年（1838年）。曾任扬威将军、直隶总督，擢文华殿大学士，加太子少保、太保、太傅，封威勇公，谥文襄。在平叛张格尔的战斗中，他既指挥若定，又身先士卒，特别是率领部队生擒张格尔，功勋卓著，因此被道光帝封为"威勇公"。该封号可世袭罔替。

移,回乡后又重操旧业,偷盗抢劫,为非作歹,成为乡间的一大祸患。另外,道光帝对回部黑山派也赐予了相当可观的奖励。黑山派在协助朝廷平叛中做出了非常大的贡献,其中许多人或成为清军的军官,或升迁成为当地显要,当地所有的重要职位皆由他们接替。

此外,这次平叛胜利为那些好阿谀奉承者提供了难得的机会,一些文武官员借机为道光帝歌功颂德,甚至怂恿道光帝为个人添加尊号,以名留青史。然而,道光帝的头脑却格外清醒,不但不为所动,反而前往太庙和皇陵,祭奠并告慰先祖,将这次平叛取得的胜利归功于先祖的荫庇。与此同时,道光帝还专门躬身为皇太后祈福,以表达恭敬之意。道光帝十分周到,对其年事已高的皇叔也赐予了独特的荣誉,这位皇叔多年来对道光帝忠心耿耿。为西部地区,特别是为天山南路回部区域的长治久安,同时确保那个地区的百姓能够享受到皇恩,道光帝下令制定了一系列维护大清国对那片地区行使有效治理的政策,尤其为确保清廷在当地施政,朝廷出台了多部法律。道光帝的这一系列举措是基于文武大臣们关于通过良法善治赢得民心,不再重蹈"官逼民反"覆辙的建议。

就文采而言,道光帝与几位先皇相比的确不算突出。然而,这场平息张格尔叛乱的成功,激发了道光帝的诗兴。这位大清皇帝挥毫写下了多首赞颂大清王朝和满人胜利的诗歌，并立刻在朝野引起一片好评。①

吏治歧途

回部平定后不久，台湾地区发生了起义。虽说最后朝廷调兵镇压，但把捐赠者们临时填充的大清国库又搞得个空空如也。为此，道光帝不得不再次搬出卖官鬻爵之策，但凡慷慨解囊者皆可得到封官赐爵的回报。

道光帝反复使用这种卖官筹银的权宜之计，给国家造成了严重危害。那些靠捐钱谋得官位之人，一旦做官后，唯一想做的事就是为自己谋取利益，想方设法捞回他们为此所花的钱。"有钱能使鬼推磨"的风气在大清国盛行。那些皓首穷经、成就斐然的文人学士，如果囊中羞涩，则鲜有晋升的机会。这样一来，道光治下的官员队伍结构出现了重大而实质性的变化。一些靠捐钱换来花翎的人进入政府部门后，能捞，善贿，敢贪，好诈。一股歪风随之在大清国盛行，不少官员失去了精忠报国的志向。

---

① 原书没有引用道光的具体诗文。据史载，回疆平叛、京城献俘后，道光帝曾有立碑太学及喀尔铁盖山、绘功臣像和战事图于紫光阁等处以及定名回疆八城之举。我们特在此列出道光当时所作十数首诗中之一以飨读者："欣闻马首已旋东，与朕同心建大功。宣力三朝清且慎，扬威西极勇兼忠。琼楼绘像群英冠，铁盖垂名众望崇。先遣延年昭眷注，边风永靖播仁风。"

第五章
选陵祭祖父子情殇

道光选陵

中国人极其重视自己死后的葬身地点，皇帝更不用说。为此，中国人不遗余力，不惜工本，花上大把银子。为找到一处自己满意同时也让雇主满意的吉祥之地，擅长堪舆术的风水先生往往要仔细勘察几个月的时间，而对他们最好的赞誉莫过于"不辞辛劳，磨破了一双钉子鞋"。为皇帝建造陵墓之前必须进行大量勘察，这些工作一般会在皇帝生前完成，相应的棺椁也会在他的身体仍健壮时准备就绪。

为落实这项事宜，道光帝指派了一个大臣和一位著名的风水师开展必要的勘测工作。二人尽职尽责，没有辜负皇上的信任，经过长期不懈的调查最终选定了陵墓地点，紧接着兴建工程也就随之开始。然而，天有不测风云，由于施工过程中地宫出现了积水，该地点被证明完全不适合修建陵墓。道光帝在盛怒之下把这位不幸的大臣发配至靠近西伯利亚的黑龙江，他将在冰天雪地里度过自己的余生。在为道光帝已故母亲选择陵寝时，人们格外小心，先是挖出一个坑洞，后来在选择皇后陵也提前采取了类似的预防性措施。

道光祭祖

　　这位尽职的皇帝还有一件重要的事需要办理，那就是拜谒祖陵。自入关以来，作为一项皇家传统，每一任清朝皇帝都要赴盛京①祭祖。祭祖活动涉及方方面面，事无巨细，必须周全。其中，必须考虑一个重要议题——皇帝离京期间如何防止有人觊觎大位、图谋不轨。因此，皇帝在离京时总会亲自统领一支部队随行前往。另外，钦天监的官员还要先行选择吉时，而且必须精确到月、日、时，甚至到分。一切准备就绪，吉时一到，浩浩荡荡的祭祖队伍开始行进。至于此间的朝政，皇上会安排自己倚重的股肱大臣在京临时处理，道光帝也不例外。

　　道光帝回盛京祭祖的队伍一点儿不小。为驮运数量庞大的人员和物资，朝廷安排了2000多峰骆驼。参加祭拜的王公、后妃和大臣们陪伴皇帝左右。道路沿途尽是些荒山野岭，而且有些路段很难通行，即便是贵为皇帝的天子也免不了遭受劳顿之苦。行进中的各项准备工作已经提前做了安排，比如在没有村庄的地方搭建棚子和木制房子，但有时道光帝和大臣们也不得不露宿。

---

　　① 今沈阳。

沿途经常有大量百姓聚集到路边，想要一睹皇上的真容。在北京，皇上出行时沿途都要清空大街，除特定级别官员或得到特别恩准的人之外，没人敢抬头目视皇上，否则就是大不敬，将受到严厉处罚。不过，这种礼数在乡野之间也就没法再讲究了，有人甚至在沿途向皇上下跪喊冤告状。道光帝无法容忍这种混乱情况，下令不准闲杂人员前来滋扰。

经历了长途跋涉，祭祖队伍终于抵达盛京。盛京原本是一个不太出名的地方，自从道光帝的先祖努尔哈赤在此建都后，盛京才声名鹊起，成了满人心目中的神圣之地。和北京一样，这里的部院机构一应俱全，只是规模要小得多。不过，最重要的是这里有大清国的皇家祖陵。这些陵墓得到了很好的维护，象征着皇室的尊严不被亵渎。

祭祖期间，道光帝展现了自己亲和的一面，这里有他的同胞、朋友和亲人。这时的道光帝把各种繁文缛节放在一边，匆匆赶往祖陵，在祖宗陵前反复稽首，口中念念有词，对自己德薄才疏深感自责。参加祭拜的王公大臣和乡党多达数千人，他们像道光帝那样一遍遍叩拜。这其中还有不少皇室成员，参加这项活动是他们应尽的义务。

所有仪式结束后，道光帝开始赏赐有功之臣，此外他还挑选了几个功勋卓著的将领的后人，对他们单独封赏。他们被授予三眼花翎，这是皇帝给予王公大臣们的最高荣誉了。

在当时的盛京城里和周边居住着大量贵族，他们虽然十分贫困，但居高自傲，鄙视劳动。皇帝非常慷慨，拿出大笔钱帮助这部分人摆脱困境。

广施恩泽的大清皇帝为当地留下了100万两银子，道光帝要求政府将这笔资金用于本地必要的民生改善项目。最终，道光帝在一片祥和喜庆的气氛中踏上了归途。他对祖宗留下的这片热土钟爱、崇敬有加。为此，他要竭尽全力使之繁荣昌盛。

惨重的灾害

这次祭祖活动堪称圆满，欢声笑语无处不有，道光帝的心里洋溢着喜悦和满足。但返回京城后不久，河南发生的一场强烈地震给他留下了深刻印象，一种不祥的预感开始萦绕在他的心头。这是一场强烈的地震，震感甚至波及了京城。在河南地震灾区，数千人被埋在建筑物的废墟下，另外还有许多人随着地面塌陷掉进无底深渊，道光帝仿佛能听到百姓们临死前呼喊救命的绝望声音，这声音逐渐远去，人被活活地埋在地下。每想到这些，道光帝的内心便备受煎熬。为此，道光帝闭门三日，不让任何人打扰，以排解内心的悲痛之情。

此后不久，扬子江因突发洪水而决口，南京附近瞬间成了一片泽国，很多人被淹死，大片农作物被毁。在压力面前，道光帝督导各方力量减轻民众困苦，消除隐患。为解救饥民，平复民众情绪，鼓起他们的信心，道光帝费尽心思，先后发布了多道谕旨。在此过程中，他俨然以"国父"自居，让人们对他感恩戴德。

朝廷一直都在国家粮库储存大批粮食，以备紧急情况下调用。这次赈灾需要从外地调粮，而运输粮食需要相当时日，粮食到达灾区前饿死的灾民就多达数千人。粮食在大锅里煮成粥之后就直接施舍给饥饿的灾民。到了春季，朝廷会向灾民们分发粮种，但条件是秋收后归还。

父子情殇

道光帝有好几个孩子，其中一个儿子在1831年时已经20岁了，许多人推测他将是未来的储君。陶醉于上天眷顾的这个儿子自命不凡，无形中却触怒了父亲。一次，两人发生了争吵，据说皇上一怒之下动手打了他。这个年轻人染上了吸食鸦片的恶习，不过这在宫中并不算什么新鲜事儿。后来这位皇子因吸食鸦片死去。有证据表明道光帝对失去这个儿子极为悲痛，尽管如此，还是有传言说是皇上害死了自己的孩子。后来，两个妃子先后为他生了两个儿子（其中一个就是后来的咸丰皇帝），这在一定程度上减轻了道光帝内心的痛苦，给他的后半生带来一丝慰藉。

经受丧子之痛的道光帝大病一场，感到自己失去了生活的希望。道光帝登基时，弟弟惠亲王还没成年，尚无法委以重任，现在他打算让惠亲王作为自己的继承人。这位亲王睿智、谦和，在朝中有一批追随者。但随着身体逐渐康复，道光帝又有了新的想法，他开始动手瓦解以惠亲王为首的政治集团，不断削弱他的权力，使其逐渐边缘化。

第六章
软硬兼施绥靖瑶乱

瑶民起义

湖南、广西和广东三省交界地区遍布崇山峻岭，多数地方交通不便，居住在这里的山民（瑶民）勇敢、坚毅，热爱自由。他们长于搭弓射箭，而且都是好手，在他们熟悉的山区无人能敌，其实满人到来后也并没有完全征服这一地区。面对严苛的官府，山民们忍无可忍，积压已久的怒火终于爆发了，他们极力反抗这些外来压迫者。每当此时，清廷便祭出禁止输入食盐和其他生活必需品等手段，迫使他们就范。

道光十二年（1832年），爆发了赵金龙等领导的湖南、广东的瑶民起义。派去镇压的部队大败而归，其中有一支官军被诱至山间狭路几乎全军覆灭，一时间官军被打得闻风丧胆，望风而逃。

在这种严峻形势下，道光帝命两广总督李鸿宾率军进剿，争取一举肃清山匪。于是，李鸿宾率队开始在崇山峻岭中艰难地跋涉。艰苦的行军让队伍疲惫不堪，1000名战士中有近200人因体力不支落在了后面。有的人告假，说是要回家探望年迈的老母。根据清朝法律，回家尽孝的士兵允许离队，但这种人往往被视为懦夫。

官军的溃败

李鸿宾虽是官军统帅，但之前连一支小部队都没指挥过，更别说眼前这样一支大部队了。但中国人认为，不管是谁，只要饱读孔夫子的圣贤书就无所不能，文学造诣高深的人也被视为最好的将军。被寄予厚望的李鸿宾率军深入山区，而这正中叛军下怀。进入深山的官军搜寻很久却见不到一个人，但在一个漆黑的夜晚，官军被突然冒出来的叛军包围了，随后他们遭到来自四面八方的攻击。混战中，官军携带的大批火药意外发生爆炸，许多士兵当场被炸身亡。这次爆炸引起了极大恐慌，面对雨点般射来的箭镞，清军慌不择路，全线溃退。

面对如此惨败，这位总督无力回天。由于他不积极为阵亡将士申领抚恤，士兵们十分不满，以至不听号令，公开反对他。道光帝认为李鸿宾已不适合履行职务，于是判处他终身流放。他到处疏通关系、送礼，但也没能改变这一结局。此后，他和全家遭流放，从此淡出了人们的视野。

镇压起义

道光帝很快意识到光靠武力解决不了问题，于是他改变策略，恩威并重，随后派自己最信任的和世泰为招抚钦差。和世泰不久前曾被革职，如今又被委以重任。这次和世泰带去的不是士兵而是金钱，他以政府名义做出保证和承诺，并准备采用非军事手段解决争端。这次出征没有一点儿战争的肃杀气息，却是最好的解决办法。

清廷先是派出军队从湖南方向进击，据官军说战事进展顺利，已经夺取两座县城并烧毁那里的房屋。然后，招抚大员粉墨登场，他宣布对顽抗者严惩不贷，归投者有赏。同时，他还派人携带90万两银子游说起义军残部首领及其亲信，最后成功镇压了起义。解往京城的起义军头领赵金龙和几个头目后来被凌迟处死。为彰显朝廷的胜利，作为战利品，几个人的头颅在城中示众。这次平叛被官宣为一次巨大胜利，为此道光帝发布诏书嘉奖有功之臣，许多人被赐予弓箭和花翎等物品。

瑶民起义被镇压，但强悍的当地人仍享有相应的自由。为了加强防范，朝廷在当地修建了许多军事堡垒，从而压制他们。但愤怒的山民将其纷纷拆毁，并通过这种方式让朝廷知道，要想和平相处，就不要对他们过分压迫和剥削。

暴动与镇压

中国地域辽阔，多数人使用相同文字、尊崇孔孟之道，即便如此,各种冲突、矛盾仍时有发生。在战争状态下,无数财产毁于一旦,人民对暴虐官吏的憎恨达到极限。

自从道光十一年(1831年)以来,全国发生了几起暴动事件,其中影响最大的一次是在山东。据说这次事件的领导者是一个道士。此人有众多追随者,如果不是朝廷使用收买手段,这支起义军将成为一股反抗政府的强大力量。

"天地会"是一个民间秘密社团组织,它以反清复明为宗旨,号召汉人起来推翻满人统治。然而,从某种程度上来说,他们的行动软弱无力,缺乏计划性,虽然有冠冕堂皇的政治幌子,但有些起事者抱有伺机劫掠的内在冲动。于是,天地会很快被镇压下去了。

部分清朝官吏对基督教的传播存在担忧,甚至把基督教列为危险教派。道光皇帝在对待基督教问题上也较为审慎。他会根据具体情况权衡利弊,以维护社会的稳定和国家的利益。

一些对道光朝的指责有些言过其实。有人说道光一朝,每年不是遇到灾荒就是有其他不幸事件发生。人世间的一切都是无常的,这期间并没有发生过什么特殊灾难,而且相较于嘉庆帝在位时期的情况,道光帝继位后,整个国家呈现出更加繁荣的景象。这时的海上贸易活动很活跃,对外贸易迅速增长,社会财富也在逐渐增加。当然,你也很难说一年中某个地方没发生过什么天灾人祸。

中国人口众多,一直以来饥荒都是最常见的灾难之一,即便在正常年份,粮食供给也常显不足,稍有歉收就会出现饥荒。填饱所有人的肚子是不可能的，而官吏们对此表现出惊人的冷漠，有些人甚至认为饥荒有助于降低人口规模。

每当饥荒来临，百姓啼饥号寒，随之而来的就是社会动荡；暴乱、抢劫肆虐，即便是最强大的政府也一筹莫展，无能为力。一时间好像人的本性也发生了变化，平日里和善的百姓转眼间像饿狼一般扑向身边富裕的邻居，分光他们的财产。

暴乱导致的混乱状态和道德沦丧简直令人无法想象。如果赈灾及时跟进，灾情缓解、来年丰收在望，暴乱会逐渐停止，人的精神面貌又开始回归本真。平民们把自己武装起来，团结在一起，然后像追逐野兽那样缉拿那些参与掳掠的人。一旦被捉到，这些人的下场非常悲惨，对他们没有任何仁慈可言，而软弱的官府对上述报复行为也无力干预。这种情况虽然经常发生，但并没有引起人们对朝廷治理能力的反思。

清廷上下很注重细节，办事拘泥于礼仪和形式，在这方面道光帝是最典型的一个。每次上朝他都准时到场，另外他还经常到寺庙进香、祭拜，参加节日和庆典活动。如遇天灾人祸，他会更加小心，如果几个月没降雨，他会身着布衣，像个虔诚的忏悔者那样祈求上苍怜悯他的百姓，而且他还会斋戒数日，到天坛祈雨。道光帝希望让自己的行为成为天下臣民的表率。道光帝经常与达赖喇嘛交流，达赖将自己亲手开光的佛像、手串、念珠、烛台和香等赠送给皇帝。而道光帝也乐于把这些圣物转赠给自己喜欢的大臣,并反复叮嘱他们要对佛像顶礼膜拜。

道光的皇后

道光帝和孝慎皇后一起度过了26年美好时光,道光十三年(1833年)孝慎皇后去世,这让道光帝悲痛不已。孝慎皇后美丽端庄,才华出众。与在闺房里消磨时光的普通女子不同,她酷爱文学。深谙朝廷事务的她在宫中威望甚高,她知道丈夫能力有限,驾驭大清这艘航船非常吃力,于是开始在幕后为道光帝出谋划策,但又不露痕迹。

中国人对女人干政讳莫如深,绝不允许她们登上权力的顶峰。皇后深谙其道,她并不公开参与朝政,而是在后宫辅佐皇上管理国家。实际上,她参与了朝廷的许多重大决策。久而久之,道光帝变得非常依赖皇后,经常征询她的意见,而她也没辜负皇上的信任,竭力为国家福祉操劳。有时她会向道光帝推荐贤臣,事实证明这些人忠于职守,能力卓越,不辜负朝廷的期望。

这一时期在整个道光一朝是最具生机和活力的时期。事实证明,孝慎皇后遴选的新人、推出的举措都十分有效,大清帝国的每个地方都能感受到她的恩泽和影响。母仪天下的她俨然就是护佑大清帝国的天使,但她绝不擅权妄为,重用私人。在她协助道光帝治理国家的13年里国泰民安，因而颇受人们爱戴，从没有人说她弄权干政。

令人遗憾的是皇后没有孩子。① 随着时间的推移，道光帝开始宠幸另一个更漂亮的妃子，渐渐疏远了深爱着他的皇后。后来，皇后在郁郁寡欢中离开了人世。

孝慎皇后是道光时期唯一有政治影响力的女性。在清朝之前的许多朝代里，太监和女人专权的情况时有发生，后宫俨然成了内阁。清朝统治者认为后宫乱政是那些王朝灭亡的重要原因，为避免重蹈覆辙，清廷严格规定不许太监干政。虽然规定中没提及女人，但实际上也把她们包括在内。因此，像孝慎皇后这样的例子的确十分罕见。难能可贵的是，她虽然获得了权力，但并没有滥用权力，而是为天下做了不少好事。

军机处人事调整

大清的内阁发生了很大变化，许多碌碌无为的老臣纷纷靠边站，为那些更具进取心的人腾出位置。这其中，穆彰阿和琦善脱颖而出。他们二人，一个在几年后成为首席军机大臣，另外一个先是担任直隶总督，后来成了辅政

---

① 皇后有一女，不幸夭折。

大臣。

在被委以重任的人物中,阮元就是其中的一个。阮元在18岁时就显露出过人的才华,26岁高中进士,后来成了孔夫子后裔"衍圣公"的老师。这期间,他与同样才华出众的衍圣公之女情投意合并结为夫妻。阮元后来在翰林院获得了最高职位,得益于他的这些经历,阮元遂被道光帝擢升为两广总督。在此期间,一个中国牧师按照阮元的要求,在几个欧洲人的帮助下,完成了一部非常有价值的天文学专著。阮元博学多才,学富五车,多少有些书生意气,许多事儿做得有违常理,但这并不影响他后来调任云贵总督。彼时,云贵地区遭遇强烈地震,大部分最富庶的地区蒙受了巨大损失。阮元组织人员积极抗震救灾,办事得力,引起了道光帝的重视。虽然年事已高,但他仍被招至内阁,并在这里任职多年。

松筠虽然博学多才,但一生历经坎坷,他曾官至都统,后来退休回家。在南疆战事中功勋卓著的老将长龄也因年迈多病致仕。老臣们陆续离去,道光帝的朋友们走向权力中枢的道路自然变得愈发畅通起来。

但是,绝不可以认为道光帝的内阁与欧洲内阁相似。在这里,国家最显耀的达官贵人都是朝廷内阁的成员,而且这个机构的职责就是走一系列的程序,支持政府的日常事务。但是,他们几乎都是长年占据相关职位、很少承担日常工作的老臣。许多很有前途的,且主要是名门望族的年轻人附属于这个机构,承担所有的工作。

然而,清廷的权力中枢并不在内阁,而是在军机处。军机处是一个临时机构,其成员由皇帝钦定。因此,一个大臣手中的权力取决于皇帝是否愿意倾听他的意见,否则他只能按部就班、例行公事,根本没什么实权。因此,中国的情况是皇帝专权,其他人无论在名义上还是实际上都没有权力,除非皇帝信任某个人并放手让他去负责。因此,军机处人员的调整并不意味着国家政策有什么变化,实际上是皇帝宠信的对象发生了变化。

第七章
贸易摩擦国库亏空

对反叛的宽容

北京是大清帝国的首都，道光帝为赢得当地百姓的好口碑，的确没有少下功夫。在京城这样一座大城市，人口又那么多，每年入冬后，经常发生缺衣短粮的情况。对此，朝廷必须预先采取措施，防患于未然。的确，在这方面清政府是有不少教训的。一些记录显示，因为朝廷对京城冬季饥荒寒冷救济不力，大批不堪忍受饥饿和严寒的皇城百姓不得不"犯上"，里三层外三层地围在紫禁城的几座城门外，跪求救济。

为避免这类事件的发生，道光帝格外用心。例如，道光十二年（1832年）的冬天，京城天寒地冻，不少人陷入饥寒交迫之中，道光帝随即下诏，要求有关部门救助京城灾民。旬日内，40多万人领到救济粮。通过这个数字，不难看出，天子脚下也有众多的贫民乞丐！这次救灾，京城有不少富人也慷慨解囊，拿出大笔银两为饥民购粮充饥。道光帝闻知后深感欣慰，但凡已经有官衔的施救者，一律赐予顶戴花翎，无官者给予名誉头衔。

当一位谏官得知一些有钱人因出钱救助获得皇上加官赐爵后，便上折子进谏道：以官爵为筹码奖励赈灾义举，是好事，但也有弊端。一旦构成为官可取诸非道的先例，将对通过科举选贤用能的制度造成不利影响，直接伤害到那些勤学苦读的寒门学子，朝廷中那些有真才实学的官员将被那些富而不仁的无能者取而代之。对于这位谏官所表达的不满，道光帝采取的态度是："毋庸议"。

刑部还奏请道光帝，建议对大清律中关于谋逆罪及株连九族的规定进行适当修改。① 皇上对此建议的反应虽不能说是龙颜大怒，但的确不悦。道光帝认为：反叛是带传染性的凶恶剧毒，无论发生在哪里都贻害无穷。凡涉案的朝廷命官、官兵及家属，其罪都极其严重，邪恶至极。然而，如能免除满门抄斩，可显仁爱之心。此外，刑部还建议，凡因政治罪判处流放的罪犯，一旦抵达规定服刑地点后，不宜允许结婚。对此，道光帝认为，此举绝对不可能防止流放犯后代的增加。然而，根据清廷现行的相关律法，在处罚上存在着不公正的地方，其中包括：目前，反叛者的亲属一旦达到法定的成年年龄时，将被处罚到新的流放地，并转为当地军人的家奴；凡尚未成年者，必须接受阉刑。相比之下，接受阉割刑罚的未成年人所受到的惩罚要残酷得多。

作为本书作者，我引用上述内容意在希望说明一点，即道光帝在法理上是多么严苛，但在具体法度的执行方面

---

① 根据大清律例的有关规定，凡谋反者，其正身必诛，其九族无赦，其首告者亦须视情予以宽宥。

又是多么宽容。与其他几位先皇不同，道光帝对绝大多数造反者总是采取宽恕的态度，只是重点惩罚煽动者和领头者。然而，道光帝此举客观上是纵容了那些顽固不化的敌人。

大清的商业贸易

现在，我们必须将注意力转向广东，尤其是广州。大致了解一下自从道光帝执政以来，在那里发生的一些重要事件的来龙去脉，因为那些事情后来对整个大清帝国产生了巨大的、实质性的影响。中国的海岸线弯曲漫长，拥有许多天然良港，而华夏民族血脉中的商业精神使中国开辟了许多具有相当规模的商埠和贸易中心。在道光年间，就规模和人口而言，广州城为最大，其人口远远超过印度的加尔各答。此外，广州坐落在珠江口，这条江航运发达，该城的优势不但在于各种大型船舶可以沿珠江航行到中国内地，还在于可将内地各种货物送达广州。这一突出的区位优势说明它可以作为商业的一个大型出海口岸。在清朝入关前的数百年间，广州就一直是中国对外贸易的重镇，大清执政后，该城在贸易方面的重要性更加显要。

其实，中国人骨子里并不是真的轻视贸易，只是表面上口不言利而已。当然，中国长期推行的都是"重农抑商"

的政策，清廷也不例外，总是声称帝国所有贸易无关大局，但关税收入在国家财政中的占比越来越重。

在中国的皇帝看来，允许洋人来华与大清国进行贸易，仅仅是出于他对这些蛮夷的怜悯。也正因如此，与他们的贸易行为相关的律法和规则就极为严格，凡有不遵者，就会被驱逐出境。枝节横生，诸多羁绊，这样的规矩一旦立下，外国商人们一时手脚无从施展。任何人有意见或要投诉，都必须通过商行表达或进行，而商行基于自身利益考虑，既可能对此加以理会，也可能让其石沉大海。现在这种情况下，当一个人虑及西方人特有的精神气质或原则时，他可能很容易就设想到中西间的冲突会频繁发生，也会感觉到对此加以调适对所有人都具有不言而喻的必要性。然而，大清帝国对此却顽固地加以拒绝。尽管贸易增长，但道光帝仍然无意推行任何改革。而且，由于对外贸易的关税收入将直接进入大清国库，且独立于当地官府的海关监督直接由京城派遣，所以这会影响到道光帝自己的利益。

朝廷对于贸易的态度

对朝廷官员敲诈行为的抱怨以及商行倒闭事件时有发生，在有些情况下甚至呈现走向危机的趋势。然而，各方认为保持交易利益更大，而为了共同利益妥协是必要的。

于是，冲突事件再次被搁置一旁，直到另一次不满的事件爆发。要更好地理解大清国与英国后来走向战争的原委，必须先了解一件发生在道光八年（1828年）的事件。事情的来龙去脉大致如下。

就在那一年，隶属于商行的一家大公司倒闭了。根据大清律法，商行独揽与外国人的贸易。另，按照大清规定，与外商贸易的商人，其偿付能力由政府担保。政府向商行和洋人征收贸易附加税，将所得税款设立为专项基金，若遇破产，该基金则作为赔偿的费用。上述公司破产后，外国债权人便向政府提出偿付申请，得到的答复如下："我天朝大国律法森严，绝无纵容徇私弊端存在。你们此刻递折催讨这笔款项，莫非要证明大清无正义可言？你们此举实属神经错乱、无礼犯上和胆大妄为，简直不可理喻。若依法而行，我可将你等立即拘执并加以惩罚，我以仁义为怀，先对你等予以公开申斥，后若如此，决不姑息。"

道光九年（1829年），各种抱怨和冲突接踵而至。为此，清廷不得不立刻叫停了一切对外贸易往来。没想到，马上就引发洋人的公开请愿，一份措辞强烈的抗议请愿书贴到了广州城门口，名义上是请愿，实质是与清廷公开叫板。

作为回应，清廷连发几份公告，并强调："针对目下请愿活动，政府已经发布告示。政府的立场十分明确，大清国一贯都对违反相关律法的外国商人依法处罚，同时对守法者及其利益予以保护。但是，有人不知感恩，反目为仇，还因为政府不允许他们的那些蛮横女人到广州，同时禁止他们乘轿，竟敢递交蛊惑人心的请愿书。鉴此，政府奉劝尔等外夷，勿为己便而私怀异谋，亦勿执己见而如前妄言，唯有居静守分，方可得沾我天朝浩荡皇恩。"

时任两广总督也向道光帝奏报："夷酋对我大清若有违逆，责在吾等。臣必遵陛下之旨罗织理由将他们驱逐出境，并施以严厉的惩罚和矫正，而无须显出任何，哪怕是极轻微的恭敬之形或和解之意。唯此，方显我大清帝国之威严尊贵，亦能令此冥顽愚蠢的蛮夷之辈敬畏天朝、拜伏上国。"

岁收不足

尽管极度节俭，但清廷的收入已经入不敷出。道光十三年（1833年），各种各样的战争、平叛行动、市政工程、干旱、洪水以及其他意外事故，使得额外支出不可避免。为了弥补亏空，道光帝仍求助于卖官筹银的方法，这一点我们以前已有提及。

一位官员就国家当时的财政状况有如下评论，他说："田赋、盐引、关税和常税以及其他项目能够提供的白银收入不超过4000万两！这几乎与各省缴京供朝廷支度的净额相当。省一级的财富与收入、帝国国库还有以货代款的贡金，其数额非常可观，但并未纳入上述总额内。国家支出在3000万两左右。每一年，各个部门在财务上都有巨大缺口，和平年景收入不足，若遇动乱、饥荒，亏空更是有数百万之巨。上述情况，近年来都是如此。为了弥补赤字以解燃眉之急，开矿、盐涨价、官职任授按价而予，以及每逢国有所需即引导商人捐献，各种意见不绝于耳，引发道光帝圣心巨大忧虑。"

情况的确如此，如果要说道光帝在哪一个问题上敏感，那就是非钱莫属。所提方案逾百，尽被拒绝，唯一结果竟然是卖官的办法获准。自此，预期收益和荣誉也进入了交易序列，无物不可出售。于是，道光王朝江山的基业开始步入最后坍塌的初期。

第八章
武嬉文恬军争乏力

皇太后生辰庆典

当下，对道光帝而言，最为重要的就是为皇太后六十大寿举行隆重的庆典。事实上，这位绝不一般的女性在无数次关乎这位养子与大清国江山社稷前途的关键时刻，都发挥了举足轻重的作用。而她的这位养子登基继位之后，但凡涉及大清国要事，在未得到皇太后懿旨之前，鲜有轻举妄动的情况发生。正是皇太后本人指出敕封三位嫔妃，使她们得享荣荫，让她们在后宫享有相应的地位；还是这位皇太后，亲自玉成了道光帝与钮祜禄新皇后的龙凤合卺。因此，毫无疑问，皇太后的诞辰庆典一定得精心操办。按中国的纪年之法计算，皇太后的六十之寿正好是一轮甲子循环完毕，这叫喜上加喜。于是，此刻的道光帝已不再强调他关于厉行节俭的诸项禁令，而且朝廷还特设恩科取士，减赋免税普惠于民。皇太后寿筵未散，皇上与新皇后又喜结连理。好事接二连三，终于或多或少地驱散了笼罩在朝堂之上的愁云惨雾。①

---

① 当时，道光帝正逢丧子之痛。新皇后钮祜禄氏及另一妃子相继为其生有二子，钮祜禄氏所生者即为后来的咸丰皇帝。

水陆两军状况堪忧

迄今为止,清军水师和陆军与那些来自西方的坚船利炮已经有过交手。实战情况表明,当有御敌卫国之需时,大清军力完全不济。作为一项不变国策,大清的军队通常以此为标准,即国土免于外敌入侵,民众不受叛乱骚扰。历览前朝得与失,大清国的统治者明白了这样一条道理,那就是军人当政乃治国大忌,因为当刀剑取代了笔,身负军功的贵族们易生不臣之心。虽然大清江山靠征战得来,将帅们也成了这片土地的主人,但如要保证皇脉永续、国运不衰,除按八旗编制的清朝部队之外,须将各省驻军交由该地行政长官管辖,供职于军中的武将亦须受其节制。承平之日,军队规模大幅缩减,兵员数量只有170万左右,而且干的基本是警察的事。这样一来,军官们薪水大跌。

道光时期,军纪持续败坏。武将们把各自军中员弁大量开缺,而上报领取薪水的花名册上人头照旧,多余的人头费便作为"补贴"落入了他们的腰包。至于剩下的士兵,经此层层削减和克扣,其人面黄肌瘦,其身衣不蔽体,其装备训练水平极差。一旦领命出战,他们在阵前的举止滑稽可笑——不过于生死之际,使旁观者不仅笑不出来,而且还会由衷哀怜。有时为平衡某一武将率领的官兵,皇帝会因为战事授意增扩相应的军力,即办"团练"。这时朝廷往往会任命一位高级文官承办此事,包括统揽军务和节制武将。与前朝类似,清代的武将选拔亦有特定办法和标准,各级军官均从中产生,这个过程就是"武举"。测试项目是骑射能力而非诗词文赋,其武艺至优者被民间称为"武状元",会得到晋升。不过需要指出的是,这些人往往四肢发达、头脑简单并且不懂军事。

国防内卫力量孱弱,将士车马久疏战阵,一旦发生全面战事,亦不堪其用。这种状态让道光帝意识到问题的严重性,喟叹不已。但是,冰冻三尺非一日之寒,尽管皇上博采众议,重拳频出,力求加以改进,但积习难除,收效甚微。围绕军队遵守军纪军规的问题,道光帝曾多次颁布敕令,其中一份对军队将领提出一系列明确要求。

道光帝称:从今日起,本朝的任何一位武将,包括总督、巡抚都必须以最强的定力遵守大清国军队的纪律,以最深的情感维护大清国军队的军威,以最大的诚意传承大清军队在作战和指挥上的战略战术,都必须严格接受并更严格服从大清国军队的肃纪和督察,都必须摈弃所有武将之间,甚至包括与文官之间有悖于军规军纪的繁文缛节;所有武将,即使是"独处"或独自在外领兵作战,都必须敬畏大清国军队的纪律。

曾有一名军官在军事侦察行动中,竟然乘轿外出打猎,道光帝也曾听闻,一些军官常常习惯于舍骑就轿。对此,道光帝严加斥责,指出这种娇糜之风已至其极。他告诫道:"军争之事既非走马观花、亦非设堂问事,师旅相对犹如山野逐兽,乘轿而往,岂可得乎?"面对上述情形以及其他重大事件,道光帝进一步指出:大清国之军队是一台由上千个部件组成的机器,为保证这台机器的正常运转,我们必须每天都对每一个部件进行精细维护、保养。我们的大脑须臾不可走神也,否则,这部机器的运转就必然会过快或放慢。朕之臣子受皇恩良多,难道你们从未听说过经过千年悠悠岁月检验并证明行之有效的王法吗?你们所有的功绩都靠君王圣明,而你们的过错应要努力加以纠正。从今往后,各位将领必须竭力整治并彻底戒除军队中的贪图安逸、消极怠慢的恶习、顽疾。

道光帝的这席话切中军队当下所存在的问题之要害,但后来的事实证明,大清国各层级的军队将领并未真正听进去,道光帝的命令最终未能在军队中发挥作用。假如之后外国军队没有出现在大清国,大清国的将领们仍然意识不到皇上的这番苦心。

至于大清的水师,可以说,更是不堪一击。战船连寻常商船都不如,常年锚在某个固定的港湾里,几乎一动不动,稍远之处更是从未涉足,以至于水师的提督将校们对归其守护的岸线海域两眼一抹黑。再者,船体质量极差,连恶劣天气和急风狂浪都难以抵御,每年都会有许多船只沉没。其中少数在风暴之中无法靠岸，甚至漂流到了暹罗①或交趾支那（Cochin-China）②一带。与此同时，海盗们在船只、武器、装备、操纵航行诸方面，无一不胜过水师将弁一筹。这样一来，海盗们胆大妄为，敢于与官军对峙。因此，大清水师只得拜海盗为师，设法索取海盗操船技术，对船只进行调试改造，起码在人家找上门时，能够作为水师列阵出战。

一般情况下，大清水师只能眼看着夷舰在大清的国门前如入无人之境，这种情况令道光帝怒不可遏。他原来设想，大清水师有如战船棋布，雄踞内海，外夷若敢于骚扰进犯，必遭无情驱逐。然而，实际情形并非如此。道光帝曾亲自对一名水师提督予以申斥，其缘由在于这个倒霉鬼在海上演了一出"南辕北辙"的戏：他率队向南追击敌舰，结果却跑到了北边！这位提督只是开了个头，随后许多水师管带也遭到裁汰。说实话，这帮水师军官也并不都是白吃干饭的，他们嘴上不说，心里有数：摆明了，夷舰的速度快，水师的战船根本拿它们没办法。道光帝心急火燎，诏书敕令一道严似一道。然而，除了徒增国库开支外，兵还是不能战，船还是跑不快，一切依然如故。

武备松懈废弛，文治贪赃枉法，天灾频仍，人祸不断。

---

① 今泰国。
② 今越南最南端，与柬埔寨相邻。

这一切时常让道光帝无法忍受,发怒时口无遮拦,叹息时悲从中来。好在新晋的皇后钮祜禄氏与先前的孝慎皇后相比,贤淑聪慧不遑稍让。得她之力,道光帝在整军肃政方面多少有些进展,也算是略微缓解了眼前窘迫和心头愤懑。

重臣松筠的结局

道光帝此前对大清帝国内阁班子进行了调整,关于这方面的情况,我在第六章做了一些介绍。当时,道光帝曾对各位大臣予以褒奖,并表示自己与他们相处甚感愉快。诸臣之中,有一位历仕三朝的军机大臣,早在嘉庆二十二年(1817年)就受封大学士,道光帝仍将其作为主事高官留于阁内。他政历丰富,善于待人,与两位同僚相处融洽。其中一位时年八十六岁,精力充沛、博闻强识,然而不久后即于任中去世,令人唏嘘;另一位八十有七,终得载誉归隐,与前者相比,实在算是福禄寿兼得之人。总的来讲,论及经世济民,这些臣僚不过中人之资,但因其年高德劭,加之中国传承数千年的尊老传统,道光帝都让他们各在其位以享其尊荣,忝谋其政以尽其绵薄。

如前多次提及,松筠在大清帝国诸臣中较为突出,这里还不得不谈谈他的宦海沉浮。欧洲人最初通过英国马戛尔尼伯爵(Lord Macartney)听说这位清廷要员。在马戛尔尼伯爵眼里，"松筠头脑清晰，颇具见识，与吾等之交往巨细靡遗、举止友善得体"。这时的松筠在官场上还属于初出茅庐之辈，但已显示出处事深谋远虑、能力非同寻常的特点，在众人心目中留下了较深印象。乾隆时期，松筠年届二十即考授理藩院笔帖式（书记官），几度出仕，文的武的都干过，担任过军机章京（军机处属员）。至嘉庆时期，他的职位继续升迁，权限不断扩展，曾主政天山南路回部和广东，治下民众对其敬重有加，并得到回疆和满蒙贵族以及亲王们的认可。在广东，松筠还以总督身份兼任提督，率师平息英国海军上将度路利的进犯，取得全胜。上述种种，使松筠之名有如神符，具备辟邪驱魔之功，于是有臣僚们奏请皇上，提出最好能派遣松筠赴各地襄助戡乱，如其在阵前现身，或可收到不战而定之效。

尽管松筠未能免于宦海沉浮，但他还是把大学士一职从嘉庆十八年（1813年）干到了嘉庆二十二年（1817年）。这一年，松筠因进谏触怒嘉庆帝而遭贬。当时，嘉庆帝正筹划着于次年去盛京祭祖事宜，松筠却以京城附近遇有大旱为由，在自己的奏议中对此加以反对，且言辞中有责备之意。嘉庆帝还加了一条以示惩罚：权于案簿中记录该臣之名，若其于八载后无有再犯，可官复原职。松筠的朋友，钦天监里的其他官员纷纷排卦占卜，把松筠被贬视为即将发生一场可怕风暴的前兆，但松筠本人却并未过于纠结。这一次，松筠的大学士帽子被皇上给撸了，并被直降为察哈尔都统。对此,他泰然处之。

次年,嘉庆帝如期举行祭祖大典,松筠亦复得皇上宠信。皇上闻知松筠因丧子而染恙,遂赐其人参10盏司以示抚慰。在时人眼里,人参是灵丹妙药,可包治百病,有起死回生之效。嘉庆二十四年(1819年),嘉庆帝以松筠年过七旬、骑乘不便为由,诏其可不再于朝廷中枢效力,但仍然享有"官称依旧、衔级不变"之优叙。

嘉庆二十五年(1820年),发生了震惊一时的"兵部失印案",松筠牵涉其中,随即被贬为山海关副都统。热河乃皇家夏季避暑行宫所在,这一年,嘉庆帝在这里驾崩。道光帝扶柩回京经过山海关时,看到了两鬓斑白的松筠,非常伤感,竟哭了起来。不久,道光帝任命他担任都察院左都御史。此时的松筠开始著书立说,记述自己在回疆多年的鞍马劳顿和见闻履历。

道光四年(1824年),松筠再次执掌都察院。这时,道光帝念他年事已高,特嘱其只负责打理例行公事而无须操心无关杂务。道光六年(1826年),松筠作为钦差大臣被派往陕西,不过又于次年初便返回京城,而且立刻就在一次新年聚会上享受殊荣,其座次被安排在道光帝身边。接下来,他又被任命为光禄寺卿并被指定为太子太保,成为大清国皇位继承人的老师。后来,他再次奉诏回到热河。

不久,松筠上书皇上,请求将他每年700两的官俸全部用于清偿一笔总额为40000两的长期债务。这笔债务是他在担任伊犁将军（这是一个重要职位，因为要对伊利地区新近增加的领土实施有效管辖）、两江总督以及两广总督时欠下的。在此之前，松筠一直没有存到足够的钱清偿这笔欠款。道光帝同意了松筠的这一请求，并且说："朕素知爱卿官风清正、生计不易，即如卿意。"

后来，松筠还被任命为直隶总督并兼任京城军事首领——九门提督。其间，松筠突然受命前往遥远的科布多行鞫狱之任。① 这件差事虽然令人不甚愉快，但一年后总算案结事了。紧接着，他又被任命为伊犁屯田总管②，还做了三个银库的总管（lord of the three treasuries）③，这是皇上本人的小金库。但是，松筠上任不长时间便以身体原因恳请皇上允其辞去上述职务。

然而，一个月后，松筠又复请任使。这次道光帝有旨，其大意如下：前闻松筠所奏，言其年事已高，背足乏力，视物昏花，捉笔不稳，记事多误，故请求致仕颐养天年，孤已许之。目下，他又要求再次任职，朕亦委之以正蓝旗都统之任。此翁昧于敬畏轻于进退已成积习，以进谏之名屡辞

---

① 根据有关史料记载，松筠曾多次受命行鞫狱审案之任。

② 此处的伊利屯田总管不是一个常设职务，而是道光帝为松筠专门作出的安排。根据《清史稿·松筠传》记载："七年，擢伊犁将军。乾隆中屡诏伊犁屯田，皆以灌溉乏水未大兴，松筠力任其事，预计安插官兵。……比去任，凡垦田六万四千亩。"

③ 道光时代，清廷银库同样由户部总管，但部分直接由皇上统管。另，松筠曾于嘉庆四年（1799年）出任过户部尚书，直接管过国库。

屡请，致吾等不胜其扰。松筠虽反复无常有失体统，然，吾等还须宽仁为怀，勿与之计较，当令其自责于心为上。①

道光十二年（1832年）新年伊始，松筠即陷入郁闷之中，因为他被陡降为三品都统。但同年8月，他又官复原职。松筠最终于道光十四年（1834年）退休回家。关于松筠宦海沉浮的这一幅幅图画为我们全面了解道光帝的统治提供了一些特别的视角和细节。总体来看，在治国方面，道光王朝与同时代的亚洲其他所有（封建）专制体制大同小异，即最高统治者均工于心计，对手中的皇权缺乏安全感。

---

① 对此，《清史稿·松筠传》的记载为："是年秋，自以衰病请罢，数日复请任使，诏斥进退自由，负优礼大臣之意。"

第九章
内阁更替禁烟奏凯

规律生活的道光帝

随着年龄增长,道光帝的生活方式变得越来越一成不变,通常情况下,他在早餐后便开始处理朝政,然后散步到太后住处去请安。他时常就如何向太后表示尊崇,以及身边有大臣陪伴时如何向老人家表达孝顺而感到困惑。

在一次庆贺太后生日的贺词中,道光帝歌颂她说:

> 有赖于皇太后母仪天下,慈训光照天庭。我们无限热爱的皇太后,我们歌颂您高尚纯洁的品质,恭祝您吉祥如意,您俨然成为宫廷楷模。伟大的圣母皇太后,您仁慈高贵、普世获益、完美安详、大慈大悲、沉着谨慎、品德正直、温和且自制。您的美德等同于高尚和浩瀚的天空,您的宽厚犹如广阔和坚实的大地。您身处幽静的后宫,而心却牵挂天下苍生,致力于促进革新,给大清带来歌舞升平,把四季调理得风调雨顺,使国家的命运延绵稳定,在慈母般的宫殿里,让后宫恪守规章。

对老妇人的奉承实际上有点儿言过其实了。为表达对太后的敬意，全国各地官员纷纷为她建立生祠。很难想象在中国这样一个睿智国度里会有如此荒唐的事。

卖官鬻爵

随着年龄增长，道光帝变得愈发节俭起来。尽管如此，仍有御史上疏道光帝，称宫里开销过大，应该压缩开支。长期以来，财政拮据一直困扰着大清国，于是清廷使出卖官筹银的做法，但这一政策存在种种弊端，给全国各地带来许多灾难，而且也让各衙门口麻烦不断。社会上甚至出现过盗匪、和尚等花钱买官的情况。有位御史对宫廷开支无度表达不满，建议皇上注重节俭，他说："假如宫廷的开销能大幅削减，每年节省下来的钱相当于10年卖官所得。后宫嫔妃的胭脂水粉钱有10万两，太监的月例为12万两，圆明园的花销超过20万两，热河行宫为48万两，大内侍卫的薪水16万两，给宫娥们的赏赐为25万两。如果把这些不必要的开销削减下来，就能节省开支100多万两。这样一来，朝廷就没有必要靠卖官筹银了。国家应唯才是举，这样百姓的财富也就有保障了。"

道光帝对类似的进谏泰然处之，因为他自恃自己从不铺张。他竭力平衡收支，但最终发现这是一项根本无法完成的任务。在其治下的第10个年头，道光帝不得已免除了总计超过 2000 万两的税银，这对吝啬的道光帝而言是一项巨大考验。

林则徐上疏

后来的一些事儿进展得并不顺利。举一个例子，这是一个关于著名人物林则徐向道光帝进谏的故事。林则徐后来在广州担任总督①，此次上疏时正值他在江苏巡抚任上，由于该省遭灾，因此他恳请朝廷豁免江苏当年应缴纳的田赋。但他却收到来自军机处的一封公函，要求省里抓紧催收税银，而且里面还有皇上的朱批。

读完公函，林则徐惊得双膝跪地，心里焦虑万分。过了一会儿，他眼含热泪，拿起笔来向皇上陈情："……朝廷收入取之于民，因此关注民众疾苦就应该是朝臣的首要职责。道光三年（1823年），本省缴银195万两，道光十一年（1831年）为140万两，多年来从无拖欠……"道光帝被这封感人至深的奏折打动了，于是同意江苏缓交当年税银，同时还夸奖林则徐心系百姓，恪尽职守。不久后，林则徐

---

① 道光十二年（1832年）林则徐为江苏巡抚。1837年2月为湖广总督。1838年12月道光帝命湖广总督兼兵部尚书衔林则徐为钦差大臣，驰往广东，办理查禁鸦片事宜，广东水师兼归其节制。1839年4月林则徐为两江总督。1840年1月任两广总督。

获得了升迁的机会。

然而，并非每件事儿都那么一帆风顺。当时有个很知名的文人，他对社会世风日下、道德败坏极为反感，对身边的许多事儿也看不顺眼，于是向道光帝上了一份请愿书。在请愿书中，他提出应该效仿古人，就像那个时代一样，官民一起耕作，没有饥荒，大家一起共享快乐时光。

道光帝认为此人未经征询就擅自发表议论，实属恣意妄为、沽名钓誉，于是下旨对他杖责一百，流放三年。这个文人是家中独子，上有年迈老母需要奉养，于是按照大清律例对他仅施以杖刑并戴枷示众后便放回家去了。

宽严相济的道光

道光帝晚年变得十分严厉。有一次，在谈及司法办案问题时，他训斥地方督抚疏于监督，存在失察问题。道光帝说：

> 你们绝不可被"活人还能救，人死就救不了了"这句话所蒙蔽，这种想法将会导致执法不严、重罪轻判。因此，你们在办案时要公正执法，不能纵容犯罪。但是，如果杀人者事出有因，则应给予适当考虑，比如可以将凌迟改为斩首，但也只能如此而已。

这些案例表明道光帝十分重视严格执法，但总体上道光一朝还是比较宽容的。

陕西的混乱局面平息后，道光帝两次前往祭拜祖陵。除此之外，道光帝尽可能低调，很少到处巡游。因此，我们很少能找到有关他的信息。平静的生活对道光帝越来越有吸引力，两年过去了，其间没有任何令人关注的事件发生，内阁中的老臣们也一个接着一个致仕还乡。

道光对阁僚的评价

按惯例皇帝每年都要对重臣的履职情况做一番点评并诏示各省。在此，我们以道光十八年（1838年）道光帝的点评为例：

> 内阁大学士长龄，已经尽力工作多年，年龄已达80岁，然而精力仍然充沛。内阁成员也都始终如一地表现得勤奋和精力集中，在协助朝廷事务上未曾有负于朕的厚望。
>
> 吏部尚书汤金钊的学识造诣令人敬佩而品行端正，并在交办给他的特殊职责上表现得明智敏锐且富有公益精神。刑部尚书史致俨仍然保持着他常有的精力和活力，并在审判职责上表现得明察秋毫和小心谨慎。

协办大学士兼直隶总督琦善办理其职责范围内的事务诚实认真，在他管理下的军队训练有素。陕西和甘肃总督瑚松额小心谨慎，履行职责仔细认真，准确无误……

但是，道光帝对其他人的意见并不是这样好，例如：

内阁学士桂森轻率鲁莽，办事缺乏果断、能力不足，无法成就功业并发挥作用，让他降职降级，任命为二等侍卫。湖广总督讷尔经额掌管着两省全部的社会与军务，竟不能抓住那些长期扰乱治安、赤贫如洗的流浪汉，因此，将他降级……

这类斥责很常见，因此为了避免责罚，大臣们往往先自责一番然后主动请罪。在这种情况下，皇上一般会原谅他们，或按自己的方式处罚一下。这种情形在大清国也算是例行公事。

皇上被认为至高无上、无所不能，所以道光帝责无旁贷地担任了殿试主考官。作为科举考试的最高一级，殿试的地点设在宫内，届时参加殿试的学子们齐聚保和殿。皇帝通常根据中国典籍现场出题。我们从中引述一些："言语永远诚实，行动一贯果敢。""万物相互滋养，而非彼此侵害。""自然运动的规律是和谐，而非敌对冲突。"这里涉及了一个劝告，即一个国家的政体应该是一部自然进程的记录。"背他们的诗，并读他们的书，一个人还能不了解其古人吗？"这些是帝王自己挑选的最喜爱的题目，也是他推荐给那些饱学之士进行专题研究的题目。文章最出众的部分学子将高中进士，这是大清国授予的最高学位。

在接下来的四年里，中国没发生什么大事，一切都很平静。这期间，皇后钮祜禄氏一边侍奉丈夫，一边协助他处理政务。国家呈现出一片繁荣景象，就算偶尔出现什么问题，也能很快就得到妥善解决。虽然没站在朝堂之上，但全国上上下下都能感受到皇后的善良和恩德。但不久后，因为一位竞争者的出现，道光帝与皇后之间出现了嫌隙，皇后逐渐失去政治影响力。与此同时，国家形势每况愈下，各种灾变一个接一个降临在大清国头上。

烟毒之害

我在这里必须说明的是，外国人引入的鸦片让中国人深受其害。一个世纪以来，中国消费的鸦片数量从200箱增长到2万箱，而且这一数字每年都在增加。

鸦片的流入导致中国大量白银流失海外，许多人精神萎靡、道德沦丧。道光帝多次下旨严禁鸦片输入，打击吸食鸦片行为。关于鸦片的问题，之前已经有许多文章介绍过，我在此不一一赘述，现仅就道光时期相关事宜做个介绍。

鸦片给后宫造成了很大危害，许多嫔妃和太监也深陷其中，据说道光帝本人也吸食过这种东西。如果真是这样的话，那么道光帝很快就戒掉了烟瘾，后来他充分意识到鸦片的危害性，于是决定严惩鸦片吸食者。

此前，有人曾建议让吸食鸦片合法化，所以道光帝在做决定前先在全国各地高级官员中征询意见，结果是绝大多数人表示反对，仅有少数几个人赞同。这少数几个人被革了职。道光帝带头抵制鸦片，并严厉贬斥参与吸食鸦片的王公大臣，其他沉迷其中的官员被陆续赶出了朝堂。

虎门销烟

大清在全国范围内对吸食鸦片行为开展了严厉打击。当时在官吏、士兵、水手和商人中吸食鸦片的人比比皆是，在沿海省份有很多人还参与贩卖活动，一时间监狱里人满为患。各地有很多举报吸食鸦片的人，这些人毫无顾忌，没有底线，比如邻里间对谁心存不满，便指控他贩卖或吸食鸦片，结果数千无辜者被抓。更有甚者，有些不法之徒以搜查鸦片为名，借机抢劫商户，致使商业活动几乎停顿下来。这些人的行为引起了社会公愤，民怨沸腾。

广东是鸦片泛滥最严重的地区，于是道光帝决定严厉打击那里的鸦片贩子。担任巡抚时曾为江苏民众请命、后来又升任湖广总督的林则徐对禁烟态度坚决，对鸦片吸食者毫不手软，因此在道光帝眼里，他是完成这项重大使命的不二人选。林则徐刚直不阿、办事果断，道光十八年（1838年）十一月，道光帝加授林则徐钦差大臣关防，全权负责广东的禁烟事宜。

衔命抵穗的林则徐信心满满、踌躇满志，他命人把参与鸦片走私和吸食鸦片的人都控制起来，同时还传令在沿海运输鸦片的船只必须上缴所有鸦片，否则严惩不贷。

这时，英国贸易代表出面与中国政府交涉。为保住英国商人的性命，这位贸易代表以英国政府的名义交出英国商人手中的全部鸦片。随后，林则徐将收缴的大量鸦片集中在虎门全部销毁。

林则徐认为，经过这番整治，鸦片之害已被彻底消除了。但为了防患于未然，林则徐要求凡是进入广州港的商船必须出具一份承诺书，船长须保证自己的船上不夹带鸦片，否则一经查获，船长本人及船员都要被处死，船舶及上面装载的货物也将被没收。

林则徐的胜利

广东对烟贩的处罚最为严厉,一旦被抓住就会处以重刑,为打击烟毒,清廷根据林则徐的建议颁布了法令,今后凡买卖鸦片者将被斩首,对吸食者则施以绞刑;同时,朝廷给后者一个机会,可以暂不施刑,若在接下来隔离的六个月内能完全戒掉毒瘾便可从轻发落,否则也难逃一死。

这些举措产生了非常神奇的效果,人们对鸦片深恶痛绝,避之唯恐不及。衙役们整天四处搜查,所收缴的鸦片全部焚毁。一时间,整个国家都笼罩在恐怖的气氛中,所有商业活动都停止了,大家人人自危,生怕因鸦片引火烧身,被送去衙门治罪。

禁烟活动持续了几个月,胜券在握的林则徐向朝廷建议引入保甲制,以十户为一甲,远离鸦片,相互之间实行监督,如有差池十户连坐。看来禁烟事宜已经按林则徐的愿望顺利开展起来了,因为有谁不会因全国禁绝烟患而欢欣鼓舞呢?然而,禁烟成果只维持了很短时间,几个月后,局面开始变得比以前更糟了。

林则徐把禁烟成果上报朝廷后,道光帝赞许有加,随即擢升其为两江总督,赏一眼花翎。

禁烟活动后,对外贸易几近停止。道光帝觉得林则徐应留下来做好善后工作，于是让他转任两广总督。林则徐的前任和当地近乎所有官员都从鸦片贸易中获得大量好处，这些人早已臭名昭著，让人唾弃。不过，林则徐在两广总督任上时间并不长，后遭弹劾发配伊犁。

第九章 内阁更替禁烟奏凯

第十章
与英开战清军惨败

林则徐的外交政策

1840年之前,中国还没有哪一个王公大臣曾潜心研究过国外的情况。林则徐是第一个对外国感兴趣的人,他曾雇了几个人为他翻译外国资料,然后编辑成书。这本书的内容很丰富,包括各国历史、小说、童话等。

林则徐提出,大清国应该在亚洲居于主导地位,并参照西方模式建立一支与自身地位相适应的水师,相关经费可由关税解决。当时在朝堂上,除了林则徐外,没有人敢向皇上说这些。林则徐的奏折并没引起道光帝的重视,因为道光帝担心这样做有违祖制,进而动摇国家根本。

禁止与英国的贸易

时任顺天府尹祖籍在澳门附近的香山(Hiangshan)①,于是他上疏道光帝,建议将所有对外贸易限制在澳门一地,如外国船舶靠近大清海岸便将其截获,这样一来,桀骜不驯的蛮夷便可被控制。而且,如果这些蛮夷得不到想要的

---

① 今广东省中山市。

茶叶和丝绸，自然会变得谦卑、顺从起来，并心甘情愿接受皇上的指令了。

道光帝越来越相信自己能挫败这些傲慢无礼的蛮夷。许多大臣也认为打败洋人并不难，因此如有必要就应该通过战争解决问题，这样既宣示了国威，又让世人知道大清皇帝才是世界的王者。一时间，战争气氛甚嚣尘上。有一个自恃十分了解外国人的大臣扬言，如果洋人胆敢踏上中国海岸，只须放出一群牛羊就足以把他们赶下大海。

当时也有不少大臣主张和平解决争端，但道光帝主意已定，于是他们的建议没被采纳。道光帝也不再听从皇后钮祜禄氏的忠告。大约就是在这个时候，钮祜禄氏在悲伤中病逝。[①] 内阁以及军机处的大臣们鼓噪着要开战，道光帝虽然生性平和，但也无法控制众人激昂的情绪，于是备战工作也在紧锣密鼓地进行着。

在当时的情形下，道光帝不想谈判，也无意听取英方的建议。在清廷看来，如果天朝屈尊派出一位大臣与英国代表谈判，那将是件很荒唐的事情，祖制就是如此，他们认为仅须照会英国人，让其服从便是了。

---

① 据《清史编年》记载，道光二十年（1840年）正月十一日，皇后钮祜禄氏病逝。

战争准备

这就是道光二十年（1840年）初时的情形。北京发出了多道敕令，让沿海各地区进入战备状态。清廷为备战投入了大量资金。然而，舟山①随后被英军占领了。道光帝下令，凡在战斗中临阵脱逃或丢失阵地的军官统统处死，战死沙场就是军人的职责，而不应在危险时刻后退。他命令守军痛击前来进犯的英军，要战至最后一人。

一道道战斗到底的旨令仍在十分艰难地执行着，最后，英国舰队来到了天津的白河口，英军司令坚持要与大清国中央官员直接谈判。

琦善与英国人谈判

事情到了这种地步，完全出乎道光帝和众大臣的意料。道光帝原本就对外国人心存恐惧，现在洋人竟闯到北京的门户，离自己的宝座近在咫尺，他一时间陷入了极度惊恐之中。在此危急时刻，道光帝转而求助于自己的心腹琦善。

---

① 史料记载，实际占领的是定海。

琦善为人圆滑、机敏，他不像朝廷其他官员那样态度蛮横、举止粗俗，而是表现得彬彬有礼、善解人意。他机智地与英国人周旋，声称皇上很重视中英之间的纠纷，已经决定派他为钦差前往广州调查、处理问题。中方担心，如果英国军舰在现在的停留地点继续待下去，双方早晚会发生战争，这将是非常危险的。所以，琦善的唯一目标就是让英国舰队从白河口离开。

此刻，焦虑笼罩着整个京城。

道光帝已经意识到，一旦与英国决裂，将导致可怕的后果。在邻近北京城的地方与英军继续争执下去，必定导致王朝的动荡。

每当官府将注意力转移至抵御外敌，或是国家军队遭遇溃败的时候，总有许多暴民趁火打劫，他们不但抢劫勤劳善良的平民百姓，还抢劫官府的仓库。这次也不例外，英军每占领一座城市，就有暴徒趁机洗劫，他们甚至连门和窗框都会抢走。

如果这种情形大规模地出现在京城，其破坏性将难以估量，而且无论以后花多大气力，耗费多少年时间，损失可能永远无法挽回。一旦守卫京城的禁军被击败，局势必然失控，整个国家机器将停止运转。届时，不得不撤离京城的皇帝很难把溃败的军队再集结起来，而他能否东山再起也就很难说了。

对本就风雨飘摇的政局而言，这种可怕的结果是现实存在的。每想到这些,道光帝便食不甘味,内心备受煎熬。如果这时道光帝让大臣①向英国人做出自己本就不打算履行的承诺,或搁置主战派的所有主张,这完全是恐惧使然。当时,朝中对琦善在与英国交涉中做出的让步与承诺,没人提出异议或指责。英国舰队刚撤离天津,道光帝马上下旨与英方停战。

从南京抵达宁波的钦差大臣伊里布是主和派,他对本国的实力有着清醒的认识,认为大清与海军强国英国开战毫无胜算。他主张,为避免一场灾难性战争,应做出必要让步,以换取和平。②

群情激愤反击洋人

战争叫嚣沉寂了下来了。当得知英国舰队离开渤海、行至东海时,情况发生了逆转。有人说所谓的危险局面纯属子虚乌有,于是又开始叫嚣要惩罚这些洋人了。一时间,全国上下群情激愤:"消灭所有洋人!"

皇太后在人鼓动之下也开始对道光帝施压。她对道光

---

① 此处应指琦善。
② 据《清史编年》记载,道光二十年(1840年)七月,道光帝命协办大学士、两江总督伊里布为钦差大臣,前往浙江专办军务。他到达镇海后与英军商谈,承认英军占领定海和舟山群岛的现状,双方休战。

帝说，要向这帮邪恶的蛮夷开战并消灭他们，否则百年之后便无颜在九泉之下面对列祖列宗；清英不共戴天，不是他死便是我亡；在蛮夷面前必须维护大清的威严，并给敌人以严厉惩罚。这时，所有清朝的王公大臣似乎都已失去理智，纷纷叫嚣着杀戮、歼灭、摧毁，声称不彻底消灭英国舰队，绝无和平可言。

琦善不为这些叫嚣所动。他很清楚这些慷慨陈词并没有什么实际意义，不管洋人来自哪个国家，操什么语言，最终都要找出和平解决方案。在与英方谈判的整个过程中，琦善彬彬有礼，虚与委蛇，展现出高超的谈判技巧，实际上他并没有做什么实质性让步。琦善自以为所谈结果应该可以向各方有所交代了，但当他明白皇上的意图①时已经太迟了。面对清军的惨败，琦善不得不坐下来与英方达成妥协，而这应该是当时最佳的选择。

琦善和伊里布的革职

作为当时唯一有理性的人，琦善的所作所为被斥为卖国求荣。他价值300万两银子的家产被充公，自己也像罪犯

---

① 当时道光帝同意主战派的主张，委派琦善与英国人谈判是临时性的救急措施。

一样，脖子上戴着枷锁被解往京城。琦善抵达北京时就听说自己已经因叛国罪被判处死刑，而且很快将押赴刑场执行，他的许多政敌正为此欢呼雀跃，弹冠相庆。然而，道光帝很精明，他有自己的考虑，不想将这个办事干练的臣子立即处斩。于是，道光帝命令先将他关进牢房等候法外开恩。但是，他所有的财产全被没收，妻子和妾室们也被拍卖了。琦善是大清最富有的人之一，现在连吃顿饭、买件衣服的钱都没有了。

如果不是豁达性格使然，琦善很可能会在一连串打击下变得一蹶不振。尽管如此，他还是期待有朝一日朝廷能回归理性。

伊里布的处境也好不到哪里去。① 他的罪名是不按指令将抓获的英军俘虏解往北京，给一些当朝者所谓的胜利添加点荣誉，然后再将这些俘虏凌迟处死。伊里布擅自将他们释放了。②

伊里布的行为令朝中大臣们群情激愤，纷纷谴责他是卖国贼、懦夫。道光帝龙颜大怒，下旨召他立即进京。

心情沮丧、满脸苦楚的伊里布回到了京城，这位长者像忏悔者那样跪在宫门口，但连续好几天也没人理睬他。

---

① 据《清史编年》记载，道光二十一年（1841年）二月，革伊里布协办大学士，拔去双眼花翎，暂留两江总督任。
② 史料记载，这些俘虏是由当地百姓偷袭英军所俘，并交给伊里布的，道光命令将他们押解京城，但伊里布将俘虏释放。

最后，他被革职流放。

清军的惨败

清廷把英军在广州的胜利归因于琦善的无能，人们对他的叛国行为万分痛恨。于是，为改变局面，道光帝派侄子奕山接替琦善主持广州军务，负责战场指挥的是在新疆平叛中屡立战功的著名将领杨芳。然而，结果还是一样，清军被打得大败而归。

广州的清军被英军围困了。恼怒的道光帝连发多道措辞严厉的圣旨，但仍无法激起清军的斗志。这些清军不敢与敌人拼杀，却到处滋扰百姓。杨芳的作战计划均以失败告终。为掩盖失败真相，奕山和杨芳在写给朝廷的战报中大肆宣扬自己的战绩，最后连道光帝也不屑再相信他们了。支付的高额赔款和清军的全面溃败戳穿了他们的谎言。杨芳蒙羞致仕回到家乡，不久便郁郁而终。奕山则毫无廉耻，不反思自己的无能，仍过着骄奢淫逸的生活，给家族带来了一个无法洗刷的污点。

裕谦的品行和命运

为迎战英军，清军做了大量准备工作，道光帝派裕谦代伊里布指挥作战。但是,郭富勋爵(Lord Gough)、威廉·巴加爵士(Sir William Parker)和亨利·璞鼎查(Sir Henry Pottinger)爵士挫败了清军所有的部署。厦门陷落了,舟山再次落入英国之手。裕谦最终实现了他的愿望——与英国蛮夷打上一仗。

裕谦希望英军靠近清军炮台,但当英军真的到来时,清军的炮台和防御工事早已被英军炮火全部摧毁。裕谦为了活命,第一个逃跑。在撤退过程中,他为自己的草率行为悔恨不已。为避免背上畏战和临阵脱逃的罪名,裕谦投河自尽,但被一个渔夫从水中救起,不过后来他还是吞金自尽了。①

裕谦英勇抗击英军最后战死疆场的奏报传到朝廷,道光帝感怀至深,下令将这位忠臣的灵柩运回京城,使其极尽哀荣。此外,道光帝还接见了裕谦的儿子,并向他授予官职。但不久后,令人震惊的真相大白于天下。经查,裕谦虚报战功,大肆挥霍官银数百万两,并且擅离职守,总之,他自始至终都在欺骗。盛怒之下,道光传旨将裕谦的家产全部充公,所有荣誉全部收回。②

---

① 据《清史稿》记载,道光二十一年(1841年)八月,英军占镇海,"裕谦先誓必死,……曰:'胜,为我草露布;败,则代办后事。'至是果投泮池,副将丰伸泰等拯之出,舁至府城,昏昏不省人事。敌且至,以小舟载往余姚,卒于途"。据《中国通史》(蔡美彪等著,人民出版社)记载,裕谦战败后,投孔庙泮池自杀殉国,被人救起送宁波府城,不治身亡。

② 经查现有资料,均无相关记载。

余步云是参加定海战役的另一名将领，曾在回疆平叛中战功赫赫。他曾是伊里布的盟友，但现在与伊里布立场不同，他是个主战派。

然而，与英军一交手，他的战斗意志很快消失殆尽，变得胆小懦弱起来。道光帝给他时间思过以重拾信心，但无济于事。最终，余步云被解往京城处斩。余步云的军衔相当于欧洲的陆军元帅，他之前曾任乾清门侍卫。

第十一章
清军溃败签约南京

大清国的防御空想

败仗一场接着一场，转眼到了道光二十一年（1841年）的年末，主战情绪并未消失，一些朝廷重臣从旅居东南亚群岛的清朝移民那里，得到了一些关于欧洲社会的信息，提出了一个保卫大清国，并把战火引向英国的宏大计划。

为了实施这项计划，首先必须建立一支数量和战斗力比英国舰队强大三倍的舰队，并将这些巨大的舰船驻防在新加坡附近，拦截前往大清国的所有船只，以便将英国舰队化整为零，在它们到达目的地之前，将其一一歼灭。造船所需材料可以通过砍伐中国的森林解决，然而为了解决战船的设计问题，必须先俘获英国人的军舰作为模型。另一项建议同样富于奇思妙想，说穿了，就是派遣大约30万大军径直穿过西伯利亚的不毛之地，直抵伦敦，使那里的一切陷入瘫痪！

这些建议被呈送道光帝，他虽然赞赏这些想法，但是担心在实际操作中会遇到诸多难以克服的困难。在大清帝国的版图中，竟然没有一条河流能够抵挡外国人的入侵，而且所有抵抗蛮夷的努力最终都以失败告终，只需一只小小的铁皮蒸汽船就能轻易到达距京城近在咫尺的地方，然后经过几个小时的陆路行程直抵京城。想到这些,道光帝不禁开始为京城的安危而焦虑万分。

京城有一位将军叫胡超①,在其同胞心目中受尊敬的程度堪比法国人心目中的内伊(Ney)②,他建议建造一艘能够运送6000名士兵的蒸汽船,士兵中一半是潜水兵,另一半是炮手。这种船的速度可达几分钟一英里③。有了这样一艘异乎寻常的船只,大清就可以对付整个英国舰队:只要舰队一进入视线,船上的潜水兵便潜入水中,在敌方战舰底部凿个大洞,同时船上的炮手们持续不断地开炮。

虽然听上去很振奋人心,但是道光帝怀疑这项计划的可行性。他以前也曾下旨建造船只,组成战船编队,但受命的官员非但没能完成任务,反而因畏惧而自杀了。朝廷也曾尝试过仿造蒸汽船,尽管造出的船只在外表上各个方面都像英国舰船,但是船上却没有蒸汽机,船桨的转动如同脚踏碾磨机一样要依靠人力。

一部分抗击蛮夷所需的经费曾经来自民众捐款,捐款

---

① 据《清史稿》记载,胡超,征苗疆有功。道光元年(1821年),擢甘肃永昌协副将,驻防西宁。1826年,回疆事起,阵斩贼首加总兵衔。1827年,追张格尔生缚之,予骑都尉世职,授乾清门侍卫,授甘肃提督。1830年,解喀什噶尔围。1836年,命在御前行走。1849年,卒。

② 内伊(1769—1815),法国骁勇善战的传奇式英雄人物。法国革命战争期间,他以作战勇猛著称。自1804年起,他是拿破仑手下最著名的元帅之一。

③ 1英里约等于1.6千米。

人希望这些捐款能使他们得到更高官阶的官位。①

同时，一大批民团组织也曾在一些有志之士的努力下纷纷建立。但是，人们对大清朝廷的信心在逐渐丧失，甚至对曾经寄予厚望、百般侍奉的诸神也不再抱有任何指望，他们厌烦了用无尽的钱财去打一场毫无意义的战争。因此，为了这场战争，成百上千万的白银只能从国库中支出。

道光帝的一个近亲奕经，当时在朝廷中拥有许多官阶最高的官职②，他受命率领一支庞大的军队，力图把英国蛮夷赶下海去，不允许一人逃脱。但在到达距战场还有数天路程的著名繁华之城苏州后，他贪恋那里的声色犬马，驻足不前，他的部下也烧杀掳掠，声名狼藉。

清军溃败

1842年（道光二十二年）初，奕经的大军终于集结完毕。他所有的军事行动就在于劫持走散的外国人，把他们

---

① 道光二年（1822年），道光帝命令废除雍正参考中国历代方法制定的捐纳体制，自此以后政府将不再提供捐钱买官的通道。1827年为解决政府财政困难，道光帝不得不放弃才执行四年的禁捐之旨，开始变通办理，特准广东洋商、盐商以及浙东盐商各捐助100万两，淮商输银200万两以供军需。

② 据《清史编年》记载，奕经时授正白旗领侍卫内大臣、御前大臣，1841年（道光二十一年）3月为协办大学士（《中国通史》记载为理藩院尚书），10月英军攻陷镇海，道光帝命其为扬威将军，督师广东。《中国通史》记载，奕经1842年（道光二十二年）1月抵达苏州停留，2月中旬到达杭州。

关进笼子。就这样他"收集"了多个人种的俘虏——因为英军也是由各种肤色和民族的人组成的,打算杀害这些不幸的俘虏来祭旗。

在几次战斗中,奕经的军队屡被击败,其主力部队长时间畏缩在营地。最终,由于他的高级军官的贪腐行为,部队给养不足,军饷难以发放,军队的绝大多数士兵被遣送回家。

一连串的失败最终让道光帝明白,是时候考虑和谈了,否则战争就要打到皇宫门口了。道光帝首先想到的,是派出钦差大臣林则徐,希冀他以戴罪之身①在宁波附近一带给英国蛮夷形成震慑。此时,这位重臣已被降职,且被判流放,但是一直被滞留在中英战场附近,甚至还被任命为协同治理河道的官员。②

在广州时,他曾自己出钱招募了一批志愿者,投入巨大精力,不辞劳苦地对他们加以训练。然而,就在英军逼近时,这些被称为"义勇"的士兵纷纷离开了他们的雇主,他自己也落了个遭受贬职的结局。

当道光帝发现启用林则徐起不了什么作用时,琦善被

---

① 原文为"隐姓埋名"。

② 据《清史编年》记载,1840年(道光二十年)10月林则徐被道光革职查办,此后半年间,林则徐滞留广州。1841年5月以四品卿衔,离开广州赴浙江前线协助抗战,1841年7月到河南祥符协同治理河道,1842年2月他被遣戍伊犁。

从监狱弄了出来，同样是以戴罪之身被派到吴淞。如果可能的话，道光帝希望他在以前谈判的基础上重新开始谈判。但由于琦善早已臭名远扬，所有人都痛斥他为卖国贼，地方官员甚至不允许他进入自己的管辖区。①

如此一来，在这个非常时刻，只有伊里布可以派上用场了。他具有品德正直的极好名声，即便在外国人眼中亦是如此。他还没有到达流放地，就被道光帝中途召回，即刻承担起谋求和谈的使命。然而，由于他没有被授予全权处理事务的特权，因此他提出的以释放英国俘虏为条件，换取停止敌对行动的建议以失败而告终。

长江上的英国舰队

英国舰队驶入了长江。朝廷曾经认为，既然吴淞的所有岸线都已构筑了防御工事，这些工事理应成为阻止蛮夷侵犯的一道屏障。江南提督亲临前线，在战场分发小传单，鼓舞士气，号召将士们战斗到底。"吾皇万岁！"——这就是众将士的回答，喊声划破长空，响彻云霄。然而，面对枪林弹雨，这种宣誓性的壮举起不到任何作用，防御工事

---

① 《中国通史》记载：道光帝得知镇海失守后，释放已被革职的大学士琦善，发往浙江军营效力赎罪。宁波府城失后，将琦善发往军台充当苦差，无须赴浙江军营，后令其闭门思过。

被摧毁，清军全线土崩瓦解。

最终，英国舰队得以在长江自由航行，当舰队沿江而上抵达第一个折弯处时，碰巧发生了日全食，引发人们窃窃私语：大清王朝的太阳也已永远沉落了！

京口①的守城主将是重要的主战派之一。正是在这里，清军几乎全军覆没。消息传来，举国震惊。②

此时，伊里布正密切注视着战事的进展，当他得知自己的同胞遭此惨败时，预感到这样的败绩将会波及全国，因此给道光帝上了一份奏折，他指出，当务之急，已经不是外来者索要什么条件的问题，而是皇权能否继续的问题。和，则皇权保；战，则皇权失。他在向皇帝描述了事态的真实状况后，说他自己已经是土埋半截的老人了，不惧承担冒昧谏言所带来的任何后果，他最后也是最急迫的劝告就是：与英国人议和。

《南京条约》

这份奏折文字不长，简单明了，却收到了预期的效果，

---

① 今江苏镇江。
② 据《中国通史》记载，镇江之战是英军入侵以来最激烈的一次战斗，英军上校被击毙，英军伤亡170余人。镇江之战也是清朝官兵反抗外来侵略最英勇、最坚决的一战。

使道光帝认清了眼前的危险。实际上，道光帝已发出了多道谕旨，要人把他的财物整理妥当，以便在必要时可以迅速逃往内地省份。也就在这个极为仓促和混乱的时候，900多万两白银从户部银库中被盗。

经过再三考量，就在英军马上要围攻南京时，道光帝认定议和仍是有可能实现的。于是，他为缔结条约给出了全权委托。

在之前的章节里，我们已经提到了耆英，他是一位成功的政治家，也是一位很有影响力的人物。他1832年任内大臣，曾兼朝廷几个部的尚书。① 随后的一些明争暗斗使他遭贬，离开皇城来到盛京，被任命为盛京将军，任上享有非常高的声誉。正是因为这个原因，道光帝派他以广州将军的身份尝试和谈，看能否取得效果。

当时，有一种看法在朝廷中似乎很流行，即在利益上做一些微不足道的让步，或者作些冠冕堂皇的许诺，就像两年以前在白河口承诺的那样，整个英国舰队就会返回广州。由于伊里布当时官阶很低，承担不了什么责任，所以耆英隐居幕后，将伊里布推到前台来执行这样的任务。

但是，这样的想法在态度强硬的英国全权代表面前却行不通。直到这时，耆英认为是时候挺身而出，担负起自

---

① 据《清史编年》记载，耆英，道光八年（1828年）擢礼部尚书兼热河都统，1833年1月为内大臣，1834年历工部、户部尚书，1838年因拆封理藩院文书的奏折调为盛京将军，1842年为广州将军，1845年任两广总督。

己应尽的责任，救大清王朝于危亡了。自从亲自承担起和谈责任起，他便全身心投入。出于对一些可能发生的事变和后果的恐惧，道光帝做出了所有让步，《南京条约》于1842年8月29日签字，清朝割让香港，开放五口通商，赔款2100万两白银……中国与英国之间的国际关系彻底改变了。

这一消息在全中国乃至整个欧洲都产生了巨大的轰动。中国人惊讶地发现，他们伟大的皇帝也是有血有肉的，是他们的同类而已，绝对不比尘世间的芸芸众生高明到哪里。当中国人意识到"天子"并非不可战胜，甚至也会犯错误时，他们的无比惊愕和迷惑之状是任何人无法用言语准确表达的。这样的情况以前闻所未闻，国人的心态因此发生了一次剧变，此前曾被引以为豪的天朝大国地位从此一落千丈。

条约的具体内容传到北京。整个大清帝国现在都在这些蛮夷的掌控之中，这让道光帝很难相信他们会信守承诺。自始至终，道光帝都想避免战争，只是在王公大臣的一致鼓噪之下，才被迫采取战争措施。为了这场战争，他眼睁睁地看着成百上千万的钱财化为乌有，王公重臣们一个接着一个被击败。到最后，他手上既无陆军、水师可调，也无将军、水师提督可遣（假定部队还依然存在的话）。他甚至都派不出一个大臣愿意去和谈，因为所有大臣都因为琦善的前车之鉴而惊魂不定，不愿重蹈覆辙。

但只要这些英国蛮夷一天不离开中国海岸，道光皇帝就一天无法摆脱遭受谴责和大清王朝彻底毁灭的威胁。他号召民众全体武装起来，保护自己的生命财产免遭蛮夷蹂躏。但所有这些圣谕均如石沉大海，因为大清朝廷已经无法唤起国民的爱国精神了。

道光身边的一些阿谀奉承之徒曾经告诉他，英国蛮夷居住在地球上离中国很遥远的一个小岛上（在中国的正统地图上也确实是这样标记的），即便是坚船利炮威力很大，以如此遥远的距离，时间一长，军需也会供应不上，因此他们是无法将战争持续打下去的。一些不怀好意的外国人还故意助长大清官员的傲慢臆想，说在庞大的大清帝国面前，英国简直不值一提。

虚假的报告

新派去抗击敌人的每一个将军都信誓旦旦地承诺，将在很短的时间内全歼敌军。时不时呈送道光帝御览的作战方案也无不炫耀，敌人将被全部包围，并随之被歼灭。曾经有一次，一群乌合之众来到舟山，冒险弄到了英国舰队的一些小船，在岸上将其烧毁，尔后居然把小船烧剩下的碎片送到京城，以此证明英国舰队已被大火全部烧毁。无论这样的报告怎样荒诞，它都是朝廷急于想看到的，而且朝廷也将这些虚假的胜利消息公布于众。谎言难掩真相，这些骗局只能让大清朝廷民心尽失。

此后，当官方呈报那些蛮夷的舰队再度现身，正向大清帝国的京城进发时，道光帝龙颜震怒。战争使他寝食难安，所有庆典全部取消，甚至主战的皇太后也公开声明不再举行生日庆典，不再接受公众的贺寿。对于向来节俭的道光帝来说，巨额银子的耗费更使他难以承受，粮草供应好像无穷无尽，军费开支也没有尽头。数额巨大的银子浪费在一些不切实际的项目上，到头来他却被告知：巨额军费组建的军队因缺少装备而不得不被解散，大量军械库遭蛮夷毁坏，枪炮被破坏或被掠走，防御工事被占领或被炸毁，官府银库成为蛮夷的财产。道光帝忍无可忍，怒不可遏地发了一道圣旨，对指挥作战的将官严加训斥，却同时也使其他官吏胆战心惊，在危机面前完全不知所措。

但是，对道光帝影响最大的是另一件事，那就是凡是被英军占领的地方，无不暴力猖獗、抢劫盛行、官府瘫痪、社会混乱。为数不多的满族官兵曾以作战英勇著称，是大清的支柱，但在所有战斗中却溃不成军，令人不得不担心京城的军队也会遭受同样的命运。从当时官府的公文中可以看出，面对命悬一线的大清江山，道光帝常常夜不成寐。

无情的惩罚

和谈一结束，道光帝首先要做的事情就是惩办那些主战派急先锋，这些人虽然喊得挺凶，但一旦被送上前线，立刻成为彻头彻尾的懦夫。而且，这些人无一例外全都侵吞了国家巨额钱财，没有人能说清这些钱都干什么去了。在被惩处的人中，奕山和奕经也包括在内，他们都是皇室近亲，但作为军事总指挥，他们的行为着实令人不齿。隆文目睹英国蛮夷不战而胜，悲愤交集，在忧伤中死去。一些武将自杀，还有一些人出逃。而大量在走投无路之下不得不投降或弃城的文官武将，因有损于圣明国君的尊严，被残酷无情地予以严惩。

接下来是盘点战争支出。支付给英国人的战争赔款为2100万两白银，再加上战争费用，支出大得惊人。还有以巨额支出所建造的防御工事，无一例外全部崩溃，没有一个能够扛住几个小时的炮击。作为一个惯常节俭的人，看到如此多的钱财打了水漂，道光帝感到痛心疾首。朝廷财政本就捉襟见肘，经此一难，更是雪上加霜，困难程度前所未有，已濒临崩溃的边缘。

当然，还有一些事情仍然让道光帝心中的怨恨难以消弭。被盗的900多万两白银至今没有下落，而当时情势混乱至极，要找到盗贼是不可能的。于是道光帝下旨，这笔钱由30年来曾经负责管理户部银库的朝廷官员负责偿还，无论职位高低和履职先后。其中如果有人过世，那么他们的后代，哪怕是第三代，也必须将这笔钱归还。圣旨一出，满朝恐慌。由于无法赔偿这笔债务，很多官员，包括一些最高官阶的满族贵胄都被投进了监狱，举国上下，一片悲凉之气。但是，钱还是要还的。经过两年最为严厉的勒索，在一定程度上弥补了部分损失，然而真正的罪魁祸首却逃之夭夭。

第十二章
无力再战颁诏履约

琦善复出

随着事态按照琦善所预言的方向发展,道光帝下旨对这位富有远见的大臣的判决暂缓执行,琦善成为一名普通侍臣伴随皇帝左右。当皇帝去军机处时,他以侍者身份为皇帝手持烟斗,陪同前往。①

在一些主战大臣的内心深处,开战的愿望从未熄灭,他们曾公开指责耆英是卖国贼。如今又看到琦善时来运转,他们感到极其愤愤不平。他们在窥伺机会,当得知英国军队离开的消息,以及广州民众曾经顽强地反抗英国蛮夷,甚至已经准备为了伟大的皇帝,为了重振大清帝国军队的雄风而不惜再战时,他们开始对这项和平协议议论纷纷了。

主战派的努力

他们进行了磋商,决意使《南京条约》成为一纸空文,并直指耆英为卖国贼,伊里布是其幕后帮凶;为了挽救大

---

① 据《清史编年》记载,琦善1842年(道光二十二年)秋,予四等侍卫,充叶尔羌帮办大臣,御史对此谏言,道光令闭门思过。实陪伴皇帝左右。

清国的荣誉，必须宣布重新开战并彻底打败英国蛮夷。那些自认为爱国，并且认为天朝帝国的地位已岌岌可危者也纷纷附和，大声疾呼。于是，这一议题在一次朝会上被堂而皇之地摆在了道光帝的面前。

同每一位具有正常智慧的人一样，道光帝也讨厌战争。况且，要他重启不久前才被他否决的主战路线更令他反感。他打算彻底平息这种嗜战情绪。在对大臣们的爱国热情表示赞扬和肯定后，道光帝强调，这件事非同小可，需要三思而后行。为此，他请求大臣们第二天再来讨论。

这是一个异常豪华的阵容，最有权势的贵族和朝廷要员悉数参加。当道光帝问他们是否仍然决心开战时，他们答道："把英国人全灭了。"面对此情此景，道光帝表示同意召回耆英，从重处罚伊里布以及所有支持和谈的人，同时要不畏强敌，与英国蛮夷决一死战。

与会者对前景充满乐观，同时为彻底推翻了朝中的那些懦弱之辈而感到扬眉吐气，那些鼠辈居然背叛天朝帝国，承认另一个统治者具有与伟大的天子同等的统治地位。然而，他们高兴得早了点。

道光平息战争骚动

道光帝察觉到了普遍的兴奋心情，继续对臣子们喋喋不休：

"你们知道，我们派去抵抗那些可恨人种的所有军队都以战败而终，水师也已不复存在。没有任何一位将军马到成功，他们不是被降职，就是被处重刑。更不消说，我们的国库已经耗尽，而且无以为继，因为凡是这场可怕的灾难所到的各省，财源都已经枯竭。"

对这些，大家并无异议。

"但是，"道光帝补充道，"你们都主张重开战事，我以皇帝的荣誉对你们的热情深表欣慰。为实现战争目标，我们必须重建军队，而且要比以前任何时期的军队更加强大。因此，我委任你们（道光帝指向一些主战最为卖力的大臣），组建军队，操练士兵，并且要身先士卒。如果不能像自己所说的那样全歼这些蛮夷，等待你们的将是最严厉的处罚。"

继而，道光帝转向其他人强调说："过去的水师已经没了，一支新的、更有战斗力的，比以前更能对付蛮夷的水师应当建立起来。"为了这个光荣使命，道光帝要求他们出资。最后，他要求在场的那些家财万贯的臣子不仅要在第一时间出资，还要承担整个战争期间的费用，因为国家再也无力拿出更多的白银进行一场类似的战争了。

道光帝的这番言论取得了特别的效果，全场鸦雀无声。道光帝要求与会者立即做出决定，给出明确答复，但他们却个个表情凝重，沉默不语。他首先问一个曾经非常激烈地鼓吹开战的人，问他是否做好了组建军队的准备，筹备了军队日常开支的资金,并将带领军队取得胜利?得到的是一个非常委婉的回答,表示自己完全没有能力承担这样一项任务。被问及的第二个人则辩解说自己完全不懂水师事宜,甚至从未见过大海。第三位则断然声称,他连自己所需物品都无钱购买,何谈为这样巨大而艰巨的事业出资。所有人强调的都是自己存在的这样或那样的困难,却没有任何一位准备在国家的祭坛上献出自己的生命和财产。

道光耐心地听他们说完,然后指出,他们对国家所表现的忠诚纯粹是虚情假意。开战已无可能,和谈才是当务之急。如果任何人胆敢再言开战,就是自寻死路。

回归安宁

这番言论有效平息了所有进一步的争吵,《南京条约》被批准生效。然而,一位叫王鼎的大臣,声明在国家遭受奇耻大辱之际,自己也将不再苟且偷生。这次朝会后,他便回家上吊自杀了。[1]

---

[1] 据《中国通史》记载,军机大臣王鼎主战,1842年(道光二十二年)5月,浙江平湖县重镇乍浦失陷的败报传到京城。王鼎觐见道光帝建言反对和议,并在道光帝面前责问军机大臣穆彰阿为何遣戍林则徐。道光帝劝王鼎回去养病。6月8日,王鼎写成长篇奏疏置于怀中,效古人尸谏,自缢而死,时年75岁。

与此同时,伊里布在广州与英国人继续商谈相关事宜,其间以高寿亡故。① 他是一位虔诚的参禅拜佛者,生病期间从未停止过捻珠祈福,他的和平心愿也业已实现。耆英现在受命处理所有外交事务,凭借他的精准判断力和充沛精力,各项事务进展顺利。

其他国家知悉《南京条约》签订等系列不寻常事件后,纷纷派出他们的全权公使,要求签订类似条约。法国和美国的代表领命来到中国,大体上仿照英国签订了条约,另外还增加了一些优惠的商业条款。

---

① 据《中国通史》记载,1842 年(道光二十二年)12 月伊里布到达广州,在与英国全权公使璞鼎查多次商谈的过程中得病,1843 年 3 月病故于广州。

第十三章
外开五埠内争皇位

开放通商口岸

广州、厦门、福州、宁波和上海等五个港口对外国企业开放。外国人与本地人交往已不再像以前那样受到严格限制。在这些口岸的北边,有一条京杭大运河为沿海与内陆交通提供了便利。

战争过后,对清政府而言,改善财政状况是当务之急。然而,相关举措却遇到了很大阻力。一部分原因是当时清朝的苛捐杂税已多得让民众无法承受,另一部分原因是朝廷在这场战争中一败涂地,民众开始藐视官府的权威了,于是出现了抗税行为。虽然政府派兵协助强行索取,但结果大多以失败告终。对此,政府只得向民众妥协并企图掩盖这个难堪的事实。然而,抗税现象在全国许多地方不断上演,且愈演愈烈。如此一来,国家的财政状况就更加艰难了。

民主思想的兴起

毫无疑问,所有矛盾冲突都已证明,清朝官吏不过是些肉眼凡胎之人,伟大的皇帝也不像他所声称的那样能够统治天下,而是与其他所有君主一样,都会遭受失败之痛。

这种状况对大清帝国产生了深刻的影响,以追求民权为核心的民主思想开始兴起,民众集会示威活动在这片大地上风起云涌。那些长者和乡绅成了这场运动的领导者,他们要求官府在制定所有事关民众福祉的政策时,应首先听取他们的意见。如果官府的任何决策不合其愿望,他们就会立刻起来抗议;如果抗议无效,他们就会召集民众前往官府衙门前示威;如果还是无效,就会采用暴力方式逼官府就范。

在广州及其周边还流行着一种观念,那就是民众相信他们自己能够打败那些外国蛮夷。于是,民众向官府递交申请,要求允许拥有武器并组建民间武装组织。这场运动的领导者都是具有蛊惑煽动力的人,当他们看到通过这种方式可以建立起自己的武装力量时,就开始组织大规模的民众集会,并在集会上谋划各种重大事项。很多地方官员看到逆大众潮流而动没有出路,也就最终站到了民众一边,进而谋求成为这场运动的领导者。他们想让民众明白一个事实道理,那就是:百姓才是朝廷存在之基,而非朝廷是百姓生存之基。由此,大清朝廷的权力在很大程度上被削弱了。

民众复仇事件

争取民权的运动,一方面限制了清朝官吏的权力,另一方面也打破了传统家族式专制的体制，这让大清社会进一步陷入了无序状态。

曾有一位地方官吏在街上殴打了一名无辜的百姓，这位受害者就向本地百姓求助，从而聚集起来一万多人，人群径直奔向那位可憎官吏的住处，放火烧毁了官邸，并将其夷为平地。随后他们公开宣称，在自主权力受到侵犯时，人人都有权用这种方式进行复仇。此事虽然引来了官兵干预，但清兵没敢对百姓动武。最终，已失去权威的官府也不得不让这件令其蒙辱之事不了了之。

还有一位蒙古将军殴打了一名妇女，因为她经常在将军宅邸附近向他乞讨。挨打之后，这位受害妇女便在一条繁华街道上竖起一块木板，让过往行人看她身上被打的伤痕，并请求众人为她报仇。到了晚上，一群人便聚集起来冲进城中，把这个将军家中的家具统统砸烂，并将其按倒在地进行殴打，暴力程度相当于受害女人挨打的两倍。

类似的暴力或百姓复仇事件在当时中国的其他地方也时有发生，普通民众的社会地位由此也日渐提高。在此过程中，那些品行不端，但天生具有蛊惑性的人逐渐获取了这场运动的领导权，他们干了许多伤天害理的事。为了不让这些人带头闹事，清朝官吏们不得不做出让步并花钱收买他们。如此一来，整个社会出现了让人始料未及的巨大变化。民众组织起了自己的武装力量，并进行大规模游行示威活动，许多活动名为铲除强盗，实为恐吓官吏。

这个时期，大清的捐钱纳官现象也越来越普遍。许多买官之人本就不具备做官之能，何谈有效治理一方呢？这就更加激起了民众的厌恶之情，与官府对抗事件越来越多。很多时候，民众的诉求很不合理，但为了息事宁人，官府还是答应了，其结果往往是对社会的一种更大的伤害。相反，一些基于当时社会情形而提出的合理诉求，却可能得不到官府批准。总之，无论什么诉求，只要官府拒绝，都可能引发一场抗争，而这种抗争对社会秩序是有很大破坏性的。

在抗争中，许多城里人不再去工作，乡下人不再去种田，都成了热衷于政治的人，结果造成了更大范围的社会贫困和痛苦。经历了这些变乱之后，只有少数人回到了原来的岗位上继续做事，挣钱养家糊口。而大部分人并未迷途知返，许多人成了打家劫舍的盗匪暴徒，对国家社会造成了极为严重的破坏。当这股势力不断发展壮大，甚至足以藐视大清朝廷之时，官府才派兵前去清剿。

道光站在了百姓一边

很多人都预计朝廷经不起民间这股力量的猛烈冲击。然而，这次人们估计错了。清王朝政权采取了倾听民意的适应性政策，没有通过强行镇压将皇权置于更加危险的境地。

道光帝在知晓了这些暴乱及其爆发缘由之后，立刻选择站到了民众这一边。他责备并罢黜了相关责任官员，赞扬了带领民众抗争的领袖，还发布敕令免除了民众拒不上交的那些税赋，由此，他为自己赢得了明君的美名。朝中大臣们为博得民众支持，也纷纷赞成新的政策。自此，相关法条不再被严格执行了，因为皇帝强调的是爱民如子。不过，这对那些始终坚持守法的良民不啻为一种伤害。

对内忍让以求安定，对外示弱以求和平。为此，大清确实付出了不小的代价。清政府一丝不苟地执行了《南京条约》各项条款，按规定数额分毫不差地按时支付了赔款。随之各行业的税收明显下降，减收程度之大，让那些忠臣开始为大清的未来感到担忧。

这个时期，大清的国库十分空虚，但道光帝自己的"小金库"（内帑）却很充裕。因为即使在战争期间，他也一直在为自己积累着钱财。对那些战败的王公大臣，皇帝朱笔一挥便抄没了他们的全部家产。随着年龄的增长，道光帝的贪欲也在增加。那时他个人的银子堆积如山，这些钱留着，对道光帝和其他人都发挥不了什么作用，但道光帝就是舍不得花一分一毫。他的心思全在银子上，如果不能时常审视一下摆在面前的那些闪光财宝，他就感到无比难受。

争夺皇位继承权

道光二十五年（1845年）夏天，道光帝再次患病，而且病情危重，似乎行将就木。这种预期重新激起了朝野各方的野心，他们为了未来的统治权，开始奋力拼争。

多年来，民间那些具有爱国精神且拥有一定影响力的中国人一直有个心愿，就是结成一个联盟完成反清复明大业。这些人知道此事风险极高，因此一直都在秘密谋划。此时，这个组织的一些成员已经掌握了一定权力，拥有了一定的财力，清廷也一直未对他们采取行动，因为朝廷认为将他们逼入绝境反倒无利。现在，这些反清复明人士认为机会来了，因此开始调集力量，准备为实现目标而奋斗了。

如果这些民间力量能够团结一致，并由一个真正配当皇帝的人统一领导，那么他们或许已经成功了。但是，想当皇帝的人太多了。每个人都认为自己有资格坐上皇帝的龙椅，且不能容忍他人在这场危险的斗争中登上皇位，他们的力量被分散了，各种努力也就随之付诸东流。

这一时期，在宫廷内部惠亲王绵愉的阵营更强大、更团结。惠亲王是此时与道光帝血缘关系最近的在世亲王，也是最贤明的一位大臣,因此成为继承皇位呼声最高的一位亲王。据传,为获得这个至高无上的地位,他做了他该做的所有事情,并且已经沉浸在很快就能看到结果的喜悦之中了。

道光帝此前的嫡生皇子早殇,当时在世的皇子中,年龄最大的两个儿子只有14岁。① 在这种情况下,除了惠亲王,现在还有谁最配继承皇位呢?道光帝极力想指定自己的儿子来继承皇位,但这样做可能面临整个朝廷内部的反对,于是这个想法只能暂时搁置下来。此外,那些曾经做出过巨大贡献的满族王公贵族,也都认为自己有权得到这个皇位。

如果道光帝没有出人意料地康复,那么这些围绕皇位继承权的争斗可能最终演变成一场动乱。然而,就在每个人都认为道光帝行将走到生命尽头时,他的病情却突然好转,身体逐渐恢复活力,并开始重新主理朝政。尽管这一变化令觊觎皇位的各方都很失望,但各派势力也都认为,与其让对手占据最高权位,还不如让老皇帝继续留在龙椅上好。

---

① 这里所说的两个皇子应为道光帝的皇四子奕詝和皇五子奕誴,均于道光十一年(1831年)出生。其中,奕詝即后来的咸丰帝,道光二十六年(1846年)六月,道光帝按传统秘密建储制度,将其立为太子,书好建储朱谕,封存镭匣。

道光指定继承人

道光帝内心对于那些在他病重期间把心思转移到他人身上的大臣十分愤恨。这些人的表现令他内心十分凄凉,无法接受。想一想,当他皇权在握时,他们表现得是多么卑躬屈膝,奴颜媚骨;而在他可能驾鹤西去之际,这些人竟然急不可待地要成为一个假定皇帝的拥趸。他觉得自己的弟弟确实是个可怕的对手,但道光帝不想因处罚他而引起兄弟反目。据说,道光帝想出了一个妥协的办法,就是要求惠亲王过继自己的一个儿子,并让他做出承诺,一旦当上皇帝,就要把过继给他的这个皇子立为太子。由此,朝廷内部又恢复了平静,所有密谋者都达成了一个默契,那就是在道光帝在世时不在皇位继承问题上节外生枝。①

道光帝自己有个行为准则,那就是在他统治时期天下要太平。他一直在遵循这一准则行事。因此,他最终宽恕了那些在政治上包藏私心的人,并没有把他们的不轨之事

---

① 这部分关于惠亲王绵愉争夺皇位的描写,是作者的原始记述,可能源自民间传闻,史料没有类似记载。道光二十五年(1845年),嘉庆帝的五位皇子中,只有道光帝和第五子惠亲王绵愉在世。道光八年(1828年),瑞亲王绵忻薨。1839年,惇亲王绵恺薨。1847年,道光帝将其第五子奕谅过继给惇亲王为嗣,降袭郡王。

公开，也没有将这些人依律交刑部查处。他希望在朝廷、京城乃至整个帝国都得到人们的爱戴。为实现这一目标，道光帝确实做出了很多牺牲。

道光二十六年（1846年），皇太后马上要过七十大寿了。为了以实际行动对她享有的高贵荣誉表达敬意，道光帝豁免了百姓未交的田赋，数额约有1400万两银子。如果不知道这些税赋根本就征不上来这一事实的话，人们可能会称赞这位最高统治者宅心仁厚。但不管怎样，将迫不得已的困境转化为善行，也是一种化腐朽为神奇的精明之举。道光帝同时还大赦天下，暂停了对死刑犯实施秋后问斩的法令，释放了所有罪行轻微以及已在流放路上的犯人。他对在上次战争中表现得非常怯懦的官员，也不再痛恨，其中的许多人又被从流放地召了回来。

琦善重获恩宠

琦善已经辅佐道光帝很长时间了，见证了道光帝在思想上的剧变。对于道光帝的这些变化，他看在眼里，喜在心头。道光帝也很快意识到琦善对那场战争的判断是正确的，这位被他抛弃的大臣所努力达成的条约，要比耆英谈出的结果有利得多。由此，道光帝感到琦善是个不会犯大错的人。或许受到良心上的谴责，道光帝于战后不久就任命琦善为驻藏大臣，这是一个非常有利可图的职位。在这个位置上，贪财之人用不了多久就能将自己的金库装满。琦善精通此道，绝不会无视这样的机会。他在那里待了几年，其间驳回了达赖喇嘛和当地贵族的多次不合理诉求，并彻底稳固了大清对西藏的统治，可谓政绩斐然。有鉴于此，道光帝又将其调往四川任总督了。

第十四章
财政困局民怨载道

道光祈雨

道光二十六年（1846年）的夏天非常干旱。道光帝在康复之后，再次祭拜神灵，祈天降甘霖。其他王公贵族也纷纷效仿，但祈求并没有起到作用。尽管祷告过程常持续几个小时，但似乎从来没有感动过神灵。热浪依旧，似乎要烤焦这片大地，庄稼几近绝收，官府不得不打开粮仓以解京城民众吃饭的燃眉之急。

耆英的改良计划

耆英在清廷对外交往方面颇有建树。虽然道光帝因需要支付给英国人2100万两白银的赔偿感到很痛苦，但他还是欣赏这位大臣的智慧。正因为耆英的努力，才使大清避免了遭受更大的损失，甚至避免了遭遇灭顶之灾。耆英与英国人的谈判结果是成功的，他不仅安抚了外国势力，也勇敢地面对自己政敌的指责，当自己被指控犯下叛国罪时，他毫不畏惧地质问他们："你们为国家做了什么？"

道光帝为了表示对耆英的充分肯定，给他的几个儿子都赐予了爵位。耆英的女儿在后宫也具有很高的地位。后宫中出现一些误解纠纷，她会出面协调，因主持公道常常能很好地化解矛盾。她很善良，对于父亲耆英而言，有女如此，是一个莫大的安慰。她用善良、抚慰的手抹平了她父亲额头上密布的忧愁。当父亲远离权力中心，甚至可能被流放之时，她成为耆英的重要精神支柱。

道光二十五年（1845年），耆英被擢升为协办大学士，同时仍然兼任两广总督。作为奖赏，他还被赐予了花翎。但在京城，许多民众都很藐视和憎恨他，因为他们认为是他与英国蛮夷达成了使大清蒙辱的条约，而且他还和洋人保持了良好关系。但是，他并不在意这些冲他而来的刻薄侮辱之词。他想方设法努力改进清军的武器装备，他根据外国大炮的原样模型仿制了一些大炮，并将它们送到了京城。之后，还仿造了子弹和炮弹。耆英还提出引进蒸汽机舰船。如果获得皇帝许可，他甚至打算作为大清国的大使对欧洲进行一次考察。

当这些想法正按照计划推进之时，那些动辄拿祖制审视新事物的大臣向道光帝进谏表示反对，道光帝也对事态发展进程感到了担忧。他担心从西方引进这些先进技术就要雇佣洋人，洋人是不会甘心一直做谦卑的奴仆的，没准儿很快就主仆颠倒，弄出是非。

耆英没能拿出有力证据表明这些计划能给大清国带来多大的好处，因此也没能说服道光帝同意。仿照欧洲舰船模型建造的几艘船布防在珠江河口要塞附近，但海盗却经常袭扰这里，似乎对这些舰船不屑一顾。在广州制造的蒸汽船完工后却发现存在致命的缺陷——缺少能够驱动轮船的蒸汽机。耆英所提议的许多构想就是这样失败的。大清王朝还是从前的老样子——就像一台旧机器，只会按照一种既定模式运转。通过先进技术知识推动社会进步的各种努力，以及由此所展露出来的光明前景也就灰飞烟灭了。当然，这是暂时的，不可能永远这样。

大清的财政困局

此时，清廷的财政状况一团糟，除了赛尚阿以外，没有人敢于承担财政这方面的职责。他是一位坚定果断、无所畏惧的官员。赛尚阿此前一直是理藩院的尚书，道光二十五年（1845年）任户部尚书。他对自己履新所面临的困难一无所知。然而，面对困难，他没有退缩。

他的前任因各省都出现了财政亏空问题而丢掉了官职。赛尚阿上任后，道光帝随即下令各地总督和巡抚，要他们向赛尚阿提供准确的拖欠账目，以及全年实际收入。这些账目要公布出来，各级官员都被要求回答应采取什么措施来拯救财政危机。

道光二十六年（1846年），道光帝再次祭祀皇陵，但很快就从那里回来了。现在一切似乎都平静了下来。他又开始迷信起来，频繁去寺庙烧香敬佛，对龙尤为崇拜。尽管他爱财如命，但在赏赐喇嘛方面却非常大方。

皇太后的寿辰庆典举行得盛大而隆重，为了普天同庆，道光帝准备对大清国所有超过 80 岁的老人，每人赏赐十斤肉和一匹丝绸。然而，当名单列出呈上时，他发现这项慷慨之举将花费 100 多万两的银子，爱财如命的道光帝又收回了决定，将肉和丝绸代之以成本低廉的荣誉徽章。

在中国的长江中，英国舰队未遇任何有效抵抗就可沿江而上，悠闲自得地航行。道光帝对此一直愤愤不平。此时，他派了一个值得信赖的大臣——时任陕甘学政的周祖培督建长江防御工事。周祖培为此征集银两并做了很多工作，一切就绪后，赛尚阿奉旨前来检查，给予了肯定并批准通过了这些工事。

防御工事包括长长的一段中国式城墙，城墙上开有许多炮口，放置了一些大炮，可满足抵御上万敌军的需要。然而，由于这些防御工事没有遮挡，直接暴露在敌人炮口之下，如果真的发生了战事，这些东西其实没有多大用处。与防御工事一起修造的还有一些内河舰船，所有这些船只都是在秘密情况下修造的，以防惹怒英国人。其实，若用这些花费为长江量身打造一支蒸汽船小舰队，倒有可能起到御敌效果。

到了道光二十六年（1846 年），大清的财政重现困难状况，而且比以往任何一年都严重，甚至出现了破产的征兆。

在其他国家，随着人口的增长，财政收入也会增长；而在大清，情况看起来恰恰相反。大清国此时的人口规模好像已到了西方一些政治经济学家认为的增长极限，这是一个基于当时社会生产力现状的假设极限。大清国的土地被细分为无数的小地块，每个家庭只能以这样的小块土地为生，很多时候所产粮食连基本温饱都难以满足，更不要说能拿出一部分交田赋了。因此，当时大清极高的人口密度，使得看起来正常的税赋征缴体制难以有效发挥作用。

大清的主要收入来源除了田赋以外，排在第二位的就是盐税。盐在大清是受官府监督的专卖产品。那个时期，盐走私给大清国库造成了巨大损失，导致很多官府指定的盐商无力偿还债款，甚至破产。尽管官府还对其他100余种物品征税，但他们更喜欢对盐这种生活必需品直接征税，这些负担都要由贫苦大众来承担。

为了弥补财政亏空，朝廷商议了很多次，希望能拿出一些好方法。有人提议征收间接税，但这种方式在大清国属于新鲜事物，因而被否决了。有人建议将烟草、白酒和各类奢侈品作为征税对象，因为没有先例也遭到了否定。在耆英回到京城一年后（约1849年，即道光二十九年），为了研究这些问题成立了一个委员会。这个委员会研究后，认为应该通过放开采矿权来增加收入。这种事在以前被认为存在难以逾越的障碍，会对国家安全构成威胁，因为这会引来大量民众的聚集。另外，这个委员会还建议尽可能增加现有税项下的征收标准。在开源的同时，委员会又建议进行节流，比如暂停发放各级文官几年的俸禄等。这些商议的结果只有其中的第一项被付诸实施了。

大清的国土面积近1300万平方公里，约有6.58亿市亩的土地可用于种植粮食（不包括用于蔬菜生产的土地），供养着约3亿人口。

大清国所有税赋收入每年不到3300万两的银子。在这些收入中，此前有约1300万两可进入朝廷的国库，另外还有各类贡品（大米、豆类和丝绸等），约值400万两。然而到了道光二十六年（1846年），据官方统计，清廷的库银只有782.2万两，以实物计算的贡物也只有从前的三分之一。这样看来，此时大清的财政收入下降幅度相当大，道光帝为此深感忧虑。

入不敷出，导致财政亏空很大，其中的主要原因是清朝各级官吏的贪腐侵吞所致。自从引入捐官制度后，通过花钱买官的人上任后会更加贪婪。朝廷从卖官中得到的一点儿小钱，会被这帮贪婪的投机分子成倍地吞噬掉。长期以来，大清官吏或多或少都存在敲诈勒索的行为，这种行为使得财源不断枯竭，对国家收入造成了不利影响。然而，大清官吏的这些恶习根深蒂固，朝廷虽然也想根除，但所有努力最后都没有取得成效。实际上，大多数清朝官吏既无诚实可言，也无原则可守。如果有官吏奉公守法，除了应得的俸禄之外其他分文不取，那他就不可能有钱去贿赂上司，进而自己的官职也就难保了。

财政上的巨额亏空给大清带来了灾难性的后果。朝廷难以足额支付官员的俸禄，官员就只好自谋生计，于是敲诈勒索成为他们的敛财手段。而这种方式是最让民众难以忍受的，因此常常引发他们公开造反。被派去镇压的官兵因力量不足而无法取胜，反而助长了造反者的信心。此外，大清沿海地带的海盗活动重新猖獗起来，大清水师根本无法遏制这些强盗行为。对这些积弊，各地民众怨声载道。朝廷为此也颁布了许多敕令，但社会秩序既没有任何好转，官府的治理手段也没有变得更加有效。

就在这一年（1846年，即道光二十六年），大清国履行了所有向英国人支付赔款的约定，因此舟山被英国人归还给了大清。

第十五章
恩威并施边疆戡乱

平定"七和卓之乱"

我们此前曾提到了张格尔的叛乱。现在，有必要提一下另一场爆发在道光二十七年（1847年）的激烈叛乱，即"七和卓之乱"①。叛乱者从浩罕起兵，攻占了回疆的喀什噶尔和另外一座城市②，清军曾一度全线溃退。

从前遇到这种情况，朝廷可能会即刻派出一支庞大军队，并将数百万银子花费在这类战争中。但是，这次击退敌人所采取的方法与以前大不相同。一个善于谈判的大人物奕山被派到了前线，他与叛军进行了谈判，谈判过程耗时很长。在此过程中，由许多顽固的布哈尔人组成的叛军进一步袭击了大清的领土。这种状态持续了一段时间后，朝廷拿出的一大笔资金到位了，这位大清代表立即就停战开出了价码。

叛乱首领们开始商议了，以决定是继续战斗更有利，还是接受大清恩惠更合算。这些叛乱者认识到，他们在前期行动中已经遭受了很大损失，而历史经验证明，顽抗下

---

① 据《中国通史》记载，道光二十七年（1847年），以张格尔之侄迈买的明和倭里罕为首的和卓后人从浩罕起兵，发动了反清叛乱。史称"七和卓之乱"。奕山率军进剿并获胜。
② 指英吉沙尔。

去可能会被清军击败。虽然从前曾被清军赶走的黠戛斯①后裔不断吵闹要索回这些领土，认为只有真正信众才应拥有这片领土，但在道光帝提供的丰厚条件面前，这些吵闹都显得无足轻重。随后，叛乱者对莎车城发动的进攻也被挫败了。在这种情况下，经反复权衡，叛乱者形成了一个共识，即继续战斗下去，结果可能是两手空空，因此倾向于接受清军开出的停战条件。

此后，双方采用了一个折中方案解决了这场危机：叛军得到钱财，清军收复了英吉沙尔、喀什噶尔二座城市，双方都保证不危及这里的居民安全。事态就这样结束了。当然，清军在这次平叛中收获了大量荣誉，战报也很快被呈送到了朝廷并被公布。

在平息叛乱过程中，大清与浩罕还缔结了一项条约。浩罕的伯克和以前一样，只看重自己的利益，这次又背叛了朋友，也背叛了敌人。他现在以调解人的身份出现，照样收到一大笔钱。他把自己装扮得如同皇帝忠实的封臣一样，但现在又作为一个同盟者肩负起了守卫大清与布哈拉边境线的职责。

道光帝在听到自己的策略取得了很好的成果时，兴奋

---

① 黠戛斯是柯尔克孜族在唐代时的称谓，明代该部迁至天山游牧。嘉庆时期，清朝官员枉杀部落首领，部分部众逃往塞外。

之情难以言表。他把奕山提到了很高的位置。① 正是道光帝的这位侄子签署了与浩罕的条约，也正是此人用600万两白银与英国人达成协议，将广州赎回。

放开边贸与安抚属国

现在，奕山又给道光帝呈送的一个好建议被完全采纳了。

那个时期，大清对边境贸易实施严格的限制政策，所有边境上的冲突也都因此而生。其实，相对于冲突所造成的巨大花费，有限的贸易活动所带来的收入就显得微不足道了。为了解决由贸易限制所引起的祸患，奕山建议放开边境贸易。

道光帝是个对自身利益非常敏感的人，他开始盘算得失盈亏，对限制或放开边贸两方面都进行了仔细权衡，然后下旨宣布彻底取消对贸易的限制，自此边境贸易自由了。完全开放贸易带来了积极成效，并且立竿见影：来自西亚和南亚的商人蜂拥而至，莎车和喀什噶尔的集市呈现出了一派车水马龙的繁荣景象。从那时起，这些区域再没有出

---

① 奕山因平息"七和卓之乱"有功，封二等镇国将军，赐戴双眼花翎，又加授内阁学士，调任伊利参赞大臣。道光三十年（1850年）授伊犁将军，咸丰五年（1855年）调任黑龙江将军。

现纷争。

道光帝认为，这一时期大清的国策是要安抚这些藩属国，而不是引它们卷入一场战争。因此，那些相继来大清朝贡的使者都受到了非凡的礼遇：清廷非但不像以前那样慢待他们，道光帝还十分隆重地接见了他们。接见时，道光帝还俯就询问这些属国各方面的情况，而且当他们回国时，还赏赐他们丰厚的礼物，并附上赞美的书信给其君王。

因此，这些藩属国的首领也都臣服于大清。这其中最特别的是廓尔喀国，没有哪个使者能像它的使者那样受到更为隆重的礼遇。这位使节被道光皇帝多次召见，还赐予该国国王带有官阶和封号的花翎，并将国王的名字题写在帝国最顺从的属国名单中。自此，两国之间的联盟被认为是牢不可破的。

治藏方略

对西藏，清朝采取的政策合乎当地的习俗。大清朝廷在这个地区的影响越来越大，最后西藏成为大清的一个省份，其政教领导的权力都要经大清驻藏官吏的委任。琦善在担任驻藏大臣期间，不遗余力地落实朝廷的治藏方略，因此在他结束任职前往四川履新时，西藏民众、贵族都已完全听命于朝廷派驻西藏的官员。

当然，将西藏完全纳入版图的过程是漫长且艰辛的，但大清最终取得了胜利。在道光帝统治时期，他以极其诚恳的态度和极其隆重的礼仪接待了达赖喇嘛的特使，西藏送来的佛像、念珠、蜡烛和香对道光帝来说都是神圣的物品，他非常珍视，只把它们赏赐给最宠信的人，或用在特别重要的场合，比如庆典或祈祷活动等。因此，藏传佛教在西藏的地位不仅丝毫未受损害，而且对蒙古的影响也很大，朝廷常借此力量强化其统治。

林则徐西南平乱

林则徐现在又重新获得了皇帝的重用。据说，他被从流放地召回的原因是他在流放地做了很多有益之事，特别是鼓励民众开荒，充实边地，在朝廷看来是件很有功劳的业绩。此后，他先后出任了陕西巡抚和云贵总督。[①]

也就是在那个时期，大清的西南边陲爆发了一次非常严重的暴乱。按当时暴乱者的供述，他们是在当地贪得无厌的官吏的压迫下被迫造反的。林则徐前往将其镇压。

虽然平乱的功绩到手，但林则徐的严酷手段遭到了御

[①] 据《清史编年》记载，1845年（道光二十五年）10月林则徐以四五品京堂回京候补，1845年12月进京途中又被授以三品顶戴署理陕甘总督，1846年4月为陕西巡抚，1847年4月为云贵总督。

史们的指控，朝廷为此进行了调查。然而，他应对得非常巧妙，非但没有受到任何责难，反而得到了道光帝的称赞，并被赏赐花翎，以作为他做出巨大贡献的奖赏。

此后，林则徐在云贵总督任上过得比较平静，后因病告假回老家调养。道光三十年（1850年），道光帝驾崩，继位的咸丰皇帝再次召回林则徐，要他去广西镇压那里的农民起义。他虽然启程赴任了，但死在了途中，以这种方式走完了他跌宕起伏的人生之路。① 为官一生，他将政治家的智慧与铁腕施政融为一体，有着高尚的品德和强烈的爱国精神，同时也奉行了类似"以暴制暴"的理念。他是大清国百姓心中的偶像，因为正是他使外国蛮夷心惊胆战，功绩令人肃然起敬。咸丰皇帝赐予谥号"文忠"。

洪水和饥荒

道光二十八年（1848年）发生的最大灾难之一是河南的洪灾，庄稼都被洪水所摧毁。② 这场灾难波及范围很广，

---

① 据史料记载，1850年（道光三十年）10月，林则徐收到新即位的咸丰帝授他为钦差大臣赴广西镇压正在兴起的太平天国农民起义的命令。他带病仓促启程，11月行至广东潮州府普宁县逝世，终年66岁。

② 据史料记载，1846年12月河南新乡、商邱等四十三州县水灾，1848年河南水灾，1849年8月江苏、浙江、安徽、湖北等省大雨受灾。

数百万人流离失所，受灾地区充满了恐怖和痛苦挣扎的惨烈景象。尽管朝廷做了巨大而持续的努力来拯救灾民，但这里仍然到处充斥着悲痛、疾病和死亡。

中国的人口众多，正常年景下，依靠自己生产的农作物尚不能过上很好的生活，若发生饥荒，其灾难程度要比人口相对稀疏的国家可怕得多。在经受了若干个月痛苦的煎熬之后，河南民众迎来一个丰收的季节，饱受苦难的人们最终从这场灭顶之灾中得救。但这并不是大清国最后遭受的一次蹂躏。就在灾难发生的第二年，江苏、湖北等地方又发生了洪灾，造成粮食作物被毁，再次出现饿殍遍野的惨况。当时田地里的水稻正在结穗，却被洪水一扫而去，结果是灾难性的。

如果按照朝廷诏书上反复强调的那样，皇帝爱民如子，时刻挂念着受灾民众，那么这个皇帝肯定不会有片刻的安逸，因为这样或那样的烦心事总是层出不穷，使其神经一直备受折磨。财政困难是当时最为严重的问题，这使得官府极为拮据。国库中作为准备金使用的库银从过去约3000万两锐减到了800万两，存于盛京的应急库银也差不多降到了原来的一半，而且朝廷官员们还没有拿到应定期支付的俸禄。

改善财政困局的所有努力都失败了。根据官方统计，此时拖欠的账款已达4000万两白银。在此情况下，朝廷被迫做出决定，除了军饷以外，其他官员的俸禄只能等到财政状况好转后再补发。道光帝虽然感到有必要开征一些其他税种,以改变现行仅从生活必需品获得收入的办法,但他并没有勇气按此行事,因为这样将推翻几代人沿袭的祖制。

第十六章
朝廷暮气官员欺瞒

广州民众的胜利

随着年龄的增长,道光帝变得越发深居简出,他已厌倦了朝政,开始把大多数事务交给大臣们处理。耆英备受道光帝宠信,是道光帝身边的红人,此时他已位极人臣,常主持内阁会议,议定大政方针。

转眼到了道光二十九年(1849年)。根据约定,此时大清应当将广州城对外国人完全开放。耆英此前曾经作出过保证,到时一定守约。对这个问题,他曾在一次朝廷内阁会议上说,履行约定是必须做的。然而,广州的民众却不这么认为,他们通过时任两广总督的徐广缙向道光帝上奏了一份请愿书,强烈要求维护民众基本权利,并认为他们有能力驱离这些英国蛮夷。道光帝对此事很犹豫,难以正面答应广州民众的要求。于是,他传旨给徐广缙说,民心就是天意。[1]

广州民众对英国人进城的要求表达了强烈不满,他们拿起武器上街游行示威。

随着广州局势的变化,耆英被一些大臣指控为卖国贼,

---

[1] 史料记载与此有别。据《中国通史》记载,广州民众抵抗英人入城的斗争取得了成果,道光帝得报,朱批:"可嘉之处,笔实难言"。

他们认为正是朝廷向英国人支付了大量战争赔款，才为后来的财政困局埋下了祸根。道光帝十分担心违反约定可能导致舟山再次被英国人占领，因此派耆英到浙江海岸检查防务，以便万一发生战事可与英国人再次谈判。当然，这次去表面上是调查当地财政状况的。

在对待英国人的问题上，耆英被指胆小怯懦，一味屈服退让，而不像徐广缙那样敢于抵抗，因而被国人不断嘲笑怒骂。对此，耆英非常恼火。他的政敌也在京城以阴险的方式陷害他，以削弱他的权势。从舟山返回京城后，耆英忧心忡忡，身体健康也出现了问题。作为最后一次对耆英的象征性支持，道光帝赐给他一些人参让他调理身子。然而，此后耆英无论如何尽心尽力办事，但再也无法获得从前那种荣耀与权势了。

耆英有位得力助手叫黄恩彤①，也早已被扳倒。在此之前，道光帝还赞扬此人是个办事效率高、十分贤明的官员，但不久他就被指控违例奏请让一名61岁的官员晋升（因为60岁已是提拔官员的最高年龄线了），他因此被降职，在广州一个很低的职位上暂时留用。从此，他再也没有翻身。

其他与外国人保持良好关系的官员也纷纷失了官职，被那些对洋人持强硬态度的官员所取代。这对大清国对外保持良好关系造成了严重破坏，但广州民众对此却击掌

---

① 时任广东巡抚。

相庆。

道光帝并非不担心按此发展下去有可能导致一场可怕的冲突，如果真的再次爆发冲突，必然会使已近枯竭的国库更加空虚。但随着时间一点点地过去，并没有出现想象中的洋人抗议和示威情况。当意识到并没有什么大事发生时，道光帝便听从了强硬派对战争的怂恿，采纳了他们的建议，更确切地说是同意了他们所提的强硬要求。

暮气沉沉的朝廷

现在的道光帝确实老了，他的大脑已经迟钝，身体逐渐衰弱，小病小恙不断。这也提醒着他，留给他的时间不多了。因此，他经常赶往寺庙上香拜佛，并按照喇嘛的要求斋戒，做佛事。有些时候，他似乎对崇拜神灵这类宗教活动感到了厌烦，但随后又转而继续前往黑龙潭焚香祈祷。[①] 人们很难揣测道光帝此时的内心世界，但他好像认为龙是中国人的守护神，因此一直崇敬着这种中国人的古老象征。

在日常生活中，道光帝变得越来越安静和少言寡语了。他几乎不怎么讲话，即便说话也常常含糊不清。他对朝政

[①] 据史料记载，道光帝在干旱年份常去黑龙潭祈雨。

及皇宫庆典活动失去了兴趣,仅与非常少的几个宠臣有些交流。他的宠臣中,有些已经去世了,有些因政见不合而与他渐行渐远了。当然,在其生命的暮年,他也不想再交什么新朋友了。

任何人如果看到现在这位形容枯槁的老者,都会相信他来日无多了。但是,道光帝内心想的却是自己会像祖父乾隆帝那样长寿,所以他以惊人的韧性不断展示着自己的生命活力。

执掌朝政的大臣大多像道光帝一样垂垂老矣,年轻人无法抛头露面。满朝上下,死气沉沉,墨守成规的办事方式没有任何改变,就连提振精神的庆典活动也很少举行了。只有发生洪水、国库亏空或者偶发的民众暴乱,才会唤醒朝廷大臣们那麻木的神经,而其他的事,他们既不去做,也说不出什么,平日处理的都是些琐屑小事,聊以打发时光。在很长一段时间内,耆英是朝廷中唯一想积极主动做事的大臣,然而他千辛万苦换来的却是恶语相向。由于国库空虚,现在只要有人向国库要钱未果,即便耆英还未被罢职时,大臣们也都会指责是他赔款卖国造成的恶果。

为填补国库亏空,朝廷曾发布命令,允许所有人提出他们认为可行的解决方案。但是,如果真的有人提出一些改革建议,无论其建议是否合理或可行,其实都注定会以悲剧收场,因为此时的财政困局已积重难返了。

道光这个年号是"大道光明"的意思,蕴含着"智慧与进步"之意。但是，此时的大清国，任何进步的事物，不管有多么吸引人，都会被当成怪兽，哪怕只是某些形式上的改良，也会遭到嘲笑和谴责。十年前尚能被大家所接受的一些改革建议，到现在都成了异教邪说。凡是提倡改革的人，即便不被当成卖国贼，也会被认定为朝廷的危险分子。

道光帝强打精神示健康

现在，我们不得不说一下道光帝生命中最后两年发生的一些事。当时，有很多人已在推测道光帝的死期。为驳斥谣言，稳定朝局，道光帝在接见大臣或其他人物时，都表现出一副精神矍铄、身体健壮并富有活力的样子。也正是出于这个目的，他宣布在这一年（1849年）的春天去进谒东陵。当每个人都预计道光帝这次谒陵会委派他人代行时，钦天监却突然接到旨令，指示他们确定道光帝出行的黄道吉日。

经过反复而慎重的研究，并观测天象之后，钦天监最终确定了出发的日子。一群官吏接到旨令，组成了威武的随行仪仗，皇帝出行期间的朝廷事务也做了安排。祭祀皇陵的队伍浩浩荡荡地出发了。沿途官员们呈上的水果、银子以及真丝服装等，道光帝都极为愉快地全部收下。有些人认为道光帝肯定忍受不了旅途的劳顿，但结果令他们极其失望，整个行程非常顺利，祭祀皇陵活动在很短的时间内就完成了。而且这次出行之后，皇帝的健康状况似乎有了改善。

在中国，无论以什么方式拐弯抹角地暗示皇帝死亡的可能性，都是死罪一条。过去，有很多人因此而丧命，他们或用巫术来确定皇帝死亡的时辰，或是制作皇帝纸像并将其烧毁。在以前的朝代，这些类似的愚蠢事情十分盛行，这类行为成为朝廷怀疑那些人居心叵测的理由，因此会施以严酷的处罚。但是，在道光帝统治时期，并没有出现这样荒唐的事情。

每当道光帝即将驾鹤西去的谣言甚嚣尘上时，他就会身着盛装突然公开露面，并尽最大努力显示出他精力充沛的样子。在新年第二天，即道光二十九年（1849年）正月初一，道光帝在一次宫廷宴请中就展现了刚才所说的那一幕。所有重要的王公大臣与他一同进餐，整个过程中道光帝都表现得十分高兴，一改平时沉默寡言的神态。他与大臣们交谈时，话说得特别流利。每个人都夸赞他气色很好。但是，这显然都是恭维话，道光帝的时日确实已屈指可数了。这一年，他还检阅了侍卫禁军，参观了剑术考核活动，并对优胜者亲自赐奖。此时，从大清国各地选少女进贡皇帝的荒唐陋习依然在继续，但道光帝现在所追求的是平淡的生活，无心关注这类事情。此外，还有一些出巡地方的计划，但都没有实施。

军力仍无起色

对于大清陆军和水师的情况，道光帝听到过各色各样的议论，但他自认为精通军事事务，因此在这方面提出了很多严厉的批评意见。令他遗憾的是，当时清军还存在许多重大问题没有解决。圣旨一道接着一道发了出去，对军事指挥官和军事训练官所犯错误都进行了斥责。道光帝要求军队要认真进行反省，并要求在每个军事单位内都设立监察机构；要求招录身手敏捷且具有才能的人进入军队，以提高战斗力。

这些指令都出自皇帝的圣旨，人们可能认为一定能得到很好落实。然而，当人们看到大清军队的状况后，才会明白这些旨意其实只停留在了口头上。陆军的状况甚至比战前还要差。将清军的弓箭更换为滑膛枪的努力已经多次尝试了，但成效不佳。使用弓箭的这种古老风俗在军队中仍然盛行。满族人正是借助弓箭统治了天下，因此他们认为这种武器是神圣无比的。陆军中即便改换用枪，也是那种落后的火绳枪，而此时大多数地方团练已经配备了从欧洲进口的枪炮。

水师的状况更糟。朝廷发出了多道旨令，要求将水师战力至少恢复到原有水平,为此,将官们做了很大努力,但进展非常缓慢。虽然最终从造船厂驶出了几艘舰船,但只是停在离船厂不远的海港中,基本上不出海航行。

中英之间的这场战争(鸦片战争)对海上贸易造成了很大伤害,战争期间贸易活动被迫中断。大量船员因此无事可做,而品行不端的便沦为了海盗,甚至开始与官府商船为敌。官船上的船员都极为胆小怕事,于是邪恶势力就迅速增长,海盗力量变得更加强大了,以至于任何装载贵重物品的船舶,都不敢轻易冒险离开港口。

地方官员的欺瞒行径

大清与英国签订《南京条约》之后,葡萄牙人也与大清朝廷缔结了条约。通过这个条约,葡萄牙人的许多特权得到固化。葡萄牙驻澳门的总督亚马勒采取了一些激进的政策,引起了清廷的不满。[1] 这位总督因此遭到排斥,官府还以民众名义散发各种传单,以煽动爱国者和民众起来反对他。[2]

---

[1] 据史料记载,葡萄牙驻澳门总督亚马勒曾照会大清朝廷,称香港既不设关,澳门关口亦当仿照裁撤,被大清朝廷拒绝。

[2] 据史料记载,葡萄牙驻澳门总督亚马勒驱逐海关人员,并下令中国商民未经当局批准不得离境,导致商贸萧条,同时他还在城市建设过程中因修路挖了当地人祖坟,惹起众怒。

有一天，当他在侍从武官的陪同下外出时，在其所住不远处，猝不及防地遭到民众袭击，被从坐骑上拖下来刺死。他的头和仅有的一只手（另一只手在一次战役中失去）被砍了下来，并作为战利品送到了广州。对此，时任两广总督的徐广缙在写给道光帝的奏折中声称，被杀之人所犯罪行，罄竹难书，无论采用何种严厉措施予以惩罚都不足为过，天意如此，通过被其伤害之人的手让其暴毙而亡，以儆效尤。

对于这件事，葡萄牙政府向大清提出了抗议，要求严惩凶手。为了息事宁人，徐广缙指使人把一个罪犯的头颅砍下，连同亚马勒的首级一同送还给了葡萄牙政府。毫无疑问，大清官吏在这件事情上做了手脚，但葡萄牙政府也拿不到直接证据，因此无法将此事查得水落石出。

官员在向道光帝汇报这些行动时，总会报喜不报忧，因此，我们不能说道光皇帝批准了此等行径，只能说他不知实情，同意了那些奏报中的内容。道光帝对徐广缙十分赞赏，在这件事情上采纳了他的意见。

然而，无论这位帝王宣称自己治下的这方土地如何稳定，官府运转如何务实高效，他都无法阻止民众造反事件的发生。道光二十八年（1848年），有个胆大包天的人冒出来自称为帝。这个妄图篡位夺权者承诺免除民众所有税赋，解除所有禁忌，给百姓以自由。于是，许多无所事事之人都聚集到了他的旗下。他指望能得到外国人的支持，但未能如愿，被官府打败后不得不亡命天涯。他的数百名追随者被屠杀，整个帮伙也就此被瓦解了。在山东也爆发了类似的起义。虽然在这片土地上诞生了尊崇忠孝的孔夫子，但这里的民众却以性格倔强、不屈不挠而闻名。官军反复前来征剿，同时采取招安手段，才使这场起义被镇压下去。

道光帝关注地理知识

历史上，几乎没有哪个中国皇帝能对其治下的疆域有清晰的地理概念。如果想要准确了解版图中每寸土地的情况，需要对地理知识具有一定了解才行。与其他皇帝相比，道光帝在这方面是一个例外。有多种迹象表明，道光帝在晚年时非常关注大清国土面积等地理信息，甚至鼓励出版其他国家的地理书籍。而此前，朝廷曾认为这是一个不值得关注且过于琐屑的问题。此后，有两名外国人根据道光帝的旨意编辑了几本地理方面的书籍，大清的一些高级官员也做过类似的尝试。道光帝要求将这些书籍发给各省官府，以便他们了解一些异国他乡的情况。

在大清对外开放的那些地方，欧洲传教士逐渐确立了自己的地位。这个群体对促进大清国民更全面、更准确地了解外国人做出了一定的贡献。

第十七章
道光谢幕帝国飘摇

道光帝似乎已感觉到他时日不多了,他把朝廷事务做了相应的安排,以各种借口罢免了一些王公大臣,罢免的真实原因是这些人胡作非为的行径让他极其生气。他把一些自己人一步步地拉拢到身边,并极力通过暗示和一些小礼物增强他们对自己的依附关系,这些小礼物虽然本身没有什么价值,但是作为赠送人施以恩宠的象征却是弥足珍贵。

道光帝特别喜欢把人参作为礼物送给病人或者年老体迈的大臣,有时会亲手在一张很大的纸上写上"福"和"寿"等字样。这些字迹会被悬挂在正厅里,作为最珍贵的纪念予以保存。

皇宫内的密谋

然而,针对满汉重臣的密谋还在进行中。虽然扳倒他们只需一个微不足道的指控,但要坐实一切却需要一个冗长而乏味的调查过程,最终结果是将他们的官阶降低几级。然而,事过不久,道光帝又想起了这些忠心耿耿的老臣过去的贡献,萌发了宽恕之心,使他们保住了官爵。这也使一些阿谀谄媚者大为失望,他们早已设好了圈套,正等待着这帮大臣上钩。

皇太后去世

在道光帝统治的最后几个月中，诸事如常，但是道光帝极为敬重的皇太后于道光二十九年（1850年）去世，享年74岁。这让他悲痛欲绝。对这位太后，道光帝言听计从、敬若神明，按时请安、竭诚尽孝。她的离世好似一阵狂风，摧垮了道光帝那业已极度衰弱的躯体，使他再也无法康复。

道光帝亲自为太后撰写了祭文，以表达他对太后亡故的悼念之情：

> 自从朕登基以来一直侍奉皇太后，并已赡养太后二十九年①。朕看到在她晚年生活中，诸事安详，并已跨越耄耋之年。因此，朕满怀希望太后能延年益寿，直至享受百年福康。最近在一月十九日，她在花园散步后返回宫殿。连日来朕日日请安，然而却出人意料地得知朕之深爱的亲人不如平日健康。朕以为如果小心调治几日便可康复，但是，与所有预期相反，她的小病日渐严重，并于二十四日下午，驾鹤仙去。遭受

---

① 史料记载为"以天下养二十九年"。

的痛苦之巨，让朕内心的悲伤在号啕大哭中爆发。就像人们因太阳能使人延年益寿而感到欣喜一样，朕也因能够倾听她的训谕而倍感幸福。① 但是，朕现在永远也不能再次仰见她温柔亲切的面容，朕悲痛欲绝。朕得到她最后的懿旨是服丧只能有二十七天，但对此朕内心不安，因此，虽然这是对的，朕仍然要穿戴孝服百日，其中的二十七天朕要身穿重孝。按照皇太后的要求，因为朕是差不多七十岁的人了，不宜过度悲伤，因为朝政繁重，朕不能擅自漠视太后懿旨，因此必须强制克制自己的情感。让朕每日在慈宁宫的面前洒下祭酒。朕自己将守候在慈宁宫她的灵柩安置之处，以供奉太后的灵魂……

大清举国上下为皇太后的去世致哀，各个城市设立灵牌，颂扬她的美德，为她送上最终的敬意。在中国人的祖先崇拜传统中，每一代人都将上一代奉为神明。朝廷为皇太后奉上了正式的谥号，对她进行褒扬——孝和恭慈康豫安成应天熙圣睿皇后，她的牌位被供奉在太庙中，与其他皇家牌位在一起，供大清君主和皇亲国戚时常祭拜。

我们无法确定皇太后是否喜欢干预朝政，我们对此一

---

① 经查史料，史料记载此处为"爱日方长"。

无所知。但我们有理由相信，当道光帝十分谦恭地出现在她面前时，她会很乐意时不时说一些劝诫或鼓励的话。仅有一次，她的确插手了朝政，那就是激励道光帝进行一场针对外国人的歼灭战争。或许，这是满族人骨子里的自尊心在驱使着她，让她唤起道光皇帝正在消沉的意志，恢复活力。除此之外，她是一个性格温和的人，不轻易发火，也从来不搞宫廷中那种常见的摆不上台面的宫斗。她最希望的是一种心平气和的常规状态，尤其是避免与自己观念不同的人发生冲突。当一些王公大臣试图利用她以达到自己的目的时，她都非常巧妙地回避了，将自己隐匿在后宫之中。

　　道光帝的悲痛是真诚的。皇太后的离世每天都在折磨他的心灵，使他不能自已。当一个爱钻牛角尖的人将所有注意力集中在一件事情上，其他任何想法或念头皆不复存在时，结果常常是致命的，这个人或者会陷入偏执狂的状态，或者因不堪重负而身心俱损。道光帝属于后者。对他来说，人生已没有什么吸引力了，他已经体验了凡人所能享受的一切，他极度疲惫的身体已完全无法承受精神上的创痛了。按照中国的习俗，这段时间他每日的饮食仅限米、水，整日披头散发、身着孝服，守在灵柩旁，夜晚则睡在一张很硬的榻上。

道光最后的圣旨和驾崩

1850年（道光三十年）2月11日这天是春节，由于这一天将发生日食，新的一年以这样的方式开始是一种非常不祥的预兆，所以道光帝发布的最后一道谕旨是改变新年的日期。道光帝自上奉春以来，身体屡不适，逢太后病故，病更加重，到1850年2月25日已经病危。他急召多位重臣，公启镡匣，宣示御书皇四子奕詝为皇太子。具体内容为：

> 将皇四子奕詝明确为钦定继承人。你们这些王公大臣为什么还要等朕发话呢？要团结一心帮助和支持他。只要是与国家有关的事，都要把它作为最重要的大事，尽心尽责，无须关心任何其他的事情。

表面上看，这是皇帝的最终遗诏，但皇宫内到底发生了什么却不得而知。据说，惠亲王绵愉曾竭尽所能想成为指定的继承人，而且背后还有一股强大的势力在支持他。皇宫内的一场大火加速了道光帝的死亡，到底是偶然起火，还是故意纵火以制造变局已无从查实。毫无疑问，在道光帝的心目中，他宠爱的儿子奕詝应是在他之后的皇帝，他的愿望成功战胜了强大的派系力量。

首席军机大臣穆彰阿好像曾经犹豫不决，而且耆英有一段时间也不积极，但是以理藩院尚书赛尚阿为首的一些为数众多、实力强大的贵族，急不可待地要把奕𬣞推上皇帝宝座。有谣言说，惠亲王绵愉甚至密谋杀害奕𬣞皇子，而且已经过继给惇亲王绵恺为嗣的奕誴，即奕𬣞的弟弟，也参与其中。即使情况果真如此，新皇帝登基后也很快原谅了这场阴谋的主使者，因为就在他取得权力的时刻，他授予了惠亲王绵愉在所有朝臣中最高的职位，让他经常伴随左右，并免除其跪拜和其他有失尊严的礼节。至此，道光皇帝的时代结束，他于乾隆四十七年八月初十（1782年9月16日）出生，道光三十年正月十四（1850年2月25日）去世，享年69岁。

咸丰帝的登基诏书

奕𬣞登基成为皇帝，改年号为咸丰（意为"全面丰足"）。他在登基诏书中说：

> 朕已经从已故的父皇陛下那里受到人性的教诲和恩宠，他给予朕的养育之恩，还有对我的担忧和关怀，像天堂一样高远和无限。去年夏初，他突然感到自己

有些不适，体力稍有减弱，再加上皇太后过世，以及由此带来的悲痛和焦虑，加剧了他的虚弱和疾病，造成他气力和体格的巨大亏损。本日①，他召集内阁会议，颁布谕旨，并指定朕为钦定继承人。朕在痛哭中接受这项圣命，因为朕仍然希望尽最大力量去照顾父皇的身体，让他劳累的身心稍事休息，这样才能让他永葆活力和健康。朕怎能想到，当恭听父皇最后的指令并被他凝视之后，父皇的病势剧烈发展，恶化到了极限，驾龙升天成为天空之客。朕呼天喊地，任凭如何拉他，唤他回来，已回天乏术。

奕詝总结了其父皇的品德，赞扬道：

他管理天下三十年，日日夜夜勤勤恳恳、尽职尽责，一刻也不让自己休息。所有事情都敬重天意，效仿先帝们。他勤勉专注于朝政，关爱其臣民，他的文韬武略是难以用语言描述的。他到处播撒着幸福，唯恐哪里出现瘟疫，对其他的灾难焦虑忧心、关怀备至，只要任何省份刚一出现轻微的灾害，他就立即从自己的金库中支付救济款并豁免相应地区的税款，即刻显示出他高尚的仁爱之心。因此，他也一直储备着一笔

---

① 史料记载，此处应有"本日卯刻"。

收入以备急需，并制定措施防止黄河道泛滥造成的危害。如此之为，都是为了保护所有生命。他无限的仁德无处不在，万事万物都在为他的离去而悲哀。朕血泪盈襟、捶胸顿足，又怎么还能克制自己的言辞呢？考虑到如此的大任强加于朕这不相称的肩上，朕深陷痛苦与不安之中。然而，有一直忠诚于朝廷的文官武将可以依赖，在他们的辅佐下，朕的统治将壮丽辉煌。

道光的遗诏

道光帝遗诏中最后的请求显示他是一个相当谦逊的人。他希望不要为他而安排长时间的服丧，不要设立记录功德的石碑，不要在敬奉天地时为他摆设祭品等。在讲述他本人和自己的统治时，用语同样谦逊。遗诏中还轻描淡写地谈及同英国的战争以及其他不愉快的事件，在此引用几段。

自朕统治之初，就已亲自颁发手谕，首先是警告不得享乐、淫荡、贪婪和私欲膨胀。对此，全国上下的大臣和普通民众都有一致的认识。远在西部广阔地区之外的一些小傻瓜被朕之军队惩治镇压，迅速实现了和平，但是朕认为不要吹嘘朕的军事实力。

后来在东南沿海地区出现了一点儿纠纷，但是，就像古代道德高尚之人一样，他们将对人类的爱作为首要的美德，朕又怎能忍受将无辜的孩子们暴露于战争恐怖之中呢？因此，朕搁置微不足道的小忿，开始商谈合约。而且，朕凭借合约，不仅使朕之疆界得以稳定，还怜悯了来自遥远地方的那些人，使这种做法成为10年来的经典案例，并立刻使伤害各方的战火自行熄灭，时尚的人们和外国人彼此之间和谐地做生意。在这方面，朕无疑展现了无法用言语表达的爱民之心，时至今日，天下已经对朕之意图给予了很好的评价。

当无法抗拒的洪水、干旱来袭，朕自感惭愧将臣民拖入持续的痛苦和辛劳之中，当朕之大臣请求免除拖欠的税款或给予帮助时，朕没有一次未曾给予过慷慨的恩赐。

朕自己身体一直精力充沛，但大约在去年春天和夏天，朕突感不适。最近朕呼吸愈加困难，病情日渐加重。上天创造了人类，并把他们交给了一个守护人，并让这个人持续不断地展示他的精心、勤勉和挂念，从而他可以了解人们的脾气，以安抚他的臣民，并使朕强大的王朝永盛不衰。

对于他的皇儿和继承人，道光帝说道：

这个钦定的继承人显示出仁慈和孝顺的性情，并且已经在品德、正直和宽宏大度的意识上打下牢固的根基，因此他将足以担负委托给他的重任。

道光帝获得的谥号为：效天符运立中体正至文圣武智勇仁慈俭勤孝敏成皇帝。庙号为宣宗，这是他在享受供奉时所使用的尊称。

咸丰其人

作为皇位继承人的咸丰在登基后让多数朝廷大臣极其失望。他在身为皇子时就表现得没有责任心、一意孤行，登基后更显得郁郁寡和、喜欢搞华丽的庆典，同时又极度迷信。他经常去寺庙奉香拜佛，求神问卜。大事当前，如果没有得到神启，他绝不会采取任何行动。

咸丰不打算步他父亲的后尘，耆英、穆彰阿均被弃之不用，其中部分原因在于他们对外国人的友好态度。群臣之中，赛尚阿成为首屈一指的人物。然而，尽管咸丰已成为皇帝，但他的性格还很不成熟，既不能确切表明他对未来的打算，也不能充分证明他究竟有多少真才实干。他的朝廷班底仍然没有成型，还需要等待时日。人们普遍认为，咸丰尚缺乏共情能力，某种程度上只是一个幸运儿，远非一个深谋远虑者。

如果说，道光帝统治的 30 年是中国历史上最重要的时期的话，那么这种感觉完全来自中国部分开放所产生的巨大影响，而且这种影响必将遍及全国。蒸汽船使中国与欧洲的距离缩短了数千英里，成十倍地增加了欧洲思想的影响力，想要阻挡已不可能，这种思想在不久的将来将会展现出自身的威力。人类的发展进步裹足不前的时代已经过去，代之而来的是大事件、快发展和大变故，即使是所有民族中最慢条斯理的中国人，也不会例外。

译后记

明清两代，西方传教士在促进东西方文化交流中都发挥过独特作用。仅以明朝时期罗马教皇国的利玛窦（Ricci Matteo）和清代中叶德国的郭士立（Charles Gutzlaff）为例，前者以《中国札记》《天学实义》《几何原本》等著作增进了中国与欧洲之间的相互了解，后者通过"中国三部曲"——*A Sketch of Chinese History*（《中国简史》）、*China Opened*（《开放的中国》）和 *The Life of Taou-Kwang, Late Emperor of China*（即本书《道光传》）为西方世界进一步认识中国提供了新的视角。对此，中西史学界迄今未见争议。

然而，由于翻译的原因，利玛窦及其著作在中国影响广泛，而郭士立本人以及"中国三部曲"在西方流传甚远，但在中国似乎没产生应有的影响。2017年，吉林出版集团出版过一个译本，其蓝本是美国 Kessinger Publishing 于 2010 年出版的英文重印本，书名为《帝国夕阳：道光时代的清帝国》，译者赵秀兰。《道光传》这个译本比较全面地反映了郭士立本人对 19 世纪上半叶，特别是对道光帝执政 29 年 7 个月期间中国国情所做的记录和进行的分析，比较全面深刻，所提出的个人看法也较独特。因此，本书对研究和稽考那段尘封的历史仍具重要价值，原因如下：

一、成书快，出版早。这本书的成书与出版均在道光帝去世后的两年内完成。1850 年 2 月道光帝驾崩，次年 8 月郭士立在中国香港离世，5 个月后（1852 年 1 月）本书即由彼时英国大牌出版公司（Smith, Elder & CO.）出版。根据译者在全书翻译过程中所能查阅的史料判断，可以肯定的是：从道光朝结束之日算起，无论在中国还是在西方，这本书应该是第一本关于道光帝生平及其治下中国的专著，至少是最早的著作之一。正因为此书完成早且是遗作，所以没有西方史学界的一个"通病"，即成书后作者反复听取意见，不断雕琢，从而少了"原汁原味"。

二、看大势，见事早。无论是中国及其周边还是欧美，19世纪巨变之烈度均十分罕见。郭士立利用自己兼具东西之学和长期在中国生活的经历，并借助于他的特殊背景（刺探中国经济、军事等情报），以夹叙夹议、横向和纵向对比的方式，从乾隆和嘉庆执政入手，紧扣道光从皇孙到皇子再到皇帝的整个过程，通过对19世纪前五十年中国国情，特别是道光帝内政外交政策变化的观察和分析，敏锐察觉到大清王朝式微加快，中国千年帝制从巅峰坠落的实质性征兆，从而得出大清国崩溃无法避免的结论。

细读本书从道光帝登基到辞世全过程的十七章内容，最令人惊讶的是，作为一个西方人，郭士立在道光帝1850年2月25日最后一道圣旨墨迹未干时，就大胆推测大清帝国正走向灭亡，并且不幸言中，其立论绝不是出自他个人对西方从古希腊、古埃及、古罗马等文明由盛到衰的宿命论所做的简单推理，而是对一些重大事件进行理性分析的结果。

从全书中不难看出，郭士立之所以敢如此预言，是基于以下几点：

第一，作为一个西方人，郭士立在针对道光统治中所遇到的各种问题进行分析时，总是自觉不自觉地将大清现状与他所熟悉的西方执政者所面对的问题做对比，从而对西方工业革命和科技进步给欧洲新兴资产阶级的崛起和社会政治、经济、科学技术、传统文化以及公民意识的提高所注入的活力，进行深入、细致的分析。他从大量比较研究中看到的是：道光登基时，中国的人口数量、城市规模、国内生产总值和农业产量高居世界第一，而道光留给自己儿子咸丰的江山已衰败不堪。他因此确信这是中国闭关锁国的必然。

第二，郭士立自己亲历了第一次鸦片战争，尤其是亲自参与并见证了中英《南京条约》的签署。这一点无疑给他壮了胆。在他看来，从欧洲工业革命洗礼中崛起的英帝国与代表并传承了具有数千年文明史的大清帝国在华夏大地上真刀真枪交锋时，这个东方的古老帝国竟不堪一击。

这也难怪，郭士立在引言中开门见山且无比羡慕地感慨道："成为一位中国的帝王，也许是每一个肉身之人所渴求的，最至高无上的'天尊'之位。姑且不论各种各样迷信说法的推波助澜，使人对此产生的各种妄念，就连古马其顿亚历山大和法国拿破仑都有同样的想法，甚至在这两位大人物处于权力顶峰之时，都会因自己对中国皇帝的权威望尘莫及而心怀妒忌。"而在全书结尾时，他毫不遮掩地说："蒸汽船使中国与欧洲的距离缩短了数千英里，成十倍地增加了欧洲思想的影响力，想要阻挡已不可能，这种思想在不久的将来将会展现出自身的威力。人类的发展进步裹足不前的时代已经过去，代之而来的是大事件、快发展和大变故，即使是所有民族中最慢条斯理的中国人，也不会例外。"

显然，郭士立的上述预言比洋务运动领军人物李鸿章等发出"吾大清国正经历千年未遇之变"的惊叹早了30多年，比1911年辛亥革命爆发、中国千年封建帝制轰然倒下整整早了一个甲子。

三、西方史观、叙事手法。郭士立以西方史观和叙事手法，对道光帝处理皇族宗亲关系，尤其对皇太后、皇后及后宫、皇叔和皇子着墨很多，他还就道光帝处理君臣关系（重点是与汉臣的关系）、用兵、固边及稳定邻国等进行了较为全面的描述。

作为一个西方人眼里的汉学家，郭士立在书中对中国人孝道与宗教观、思维方式、哲学思辨等提出了个人的看法。

毫无疑问，他将第一次鸦片战争和中英关系作为观察和分析的重点。为此，他就道光帝应对英国坚船利炮和被迫签署中英《南京条约》等问题提出的看法，尽管具有其个人色彩和历史局限性，但仍值得我们思考。

四、褒贬不一，以史为鉴。本书为后人重新认识并评价郭士立提供了另外一个视角。众所周知，在中国人对中国近代史的研究中，郭士立是一个举足轻重而又异常复杂的人物。然而，西方人称他为汉学家也绝不是毫无根据的，在那个时代，他写出"中国三部曲"应该与汉学家这个名头基本相符，更何况，他将道光时代定性为中华帝国由盛转衰的转折点，在中外史学界似乎并没有实质性的异议。

诚然，郭士立对中国的认识在某些方面是错误的，一些观点偏激而傲慢。例如，在中英战与和这一重大原则问题上，他对主和派与主战派持截然相反的立场，对前者竭力褒扬，对后者一味贬损。但作为一个中国史研究者，郭士立在关于中国民族未来的大问题上并没有头脑发热。他曾坦陈："迟早有一天，中国会向全世界展示出前所未有的智慧和力量。"当然，但凡研究对象是文明国度时，西方人总是变得十分谨慎，并且很善于运用历史研究中的两分法，正如特奥尔多·蒙森在其著名的《罗马史》中谈到罗马帝国兴与衰的辩证关系时所强调的，"我们如今已经站在罗马共和国的尽头……我们已经见到它并非由于外来的暴力而是因为内部的腐败，在政治和道德上，在宗教和文学上陷入灭亡。……然而，晨光非到黑夜完全入侵以后不能复回"。

本书似乎印证了黑格尔关于历史的那条格言："人类从历史中汲取的唯一教训，就是人类永远无法从历史中汲取教训。"在人类面对百年未有之大变局的今天，我们更应谨记"以史为鉴，面向未来"。

最后，囿于中英文水平和手头资料有限，译文中错误难免，正如钱钟书先生所说，翻译是一门独特的学问，也是一门永远留有缺憾的艺术。因此，对本书译本中的错误，恭请读者斧正。

曹煜晴　陶思遥

2024 年 2 月 1 日

京郊